GUIDE DE VOYAGE AU NÉPAL

2023

Le Népal dévoilé : découvrez les joyaux cachés, les monuments historiques et les itinéraires de 14 jours pour les débutants

D1670548

Charles B. Hogan

Table des matières

Chapitre 15 : Conclusion

51. En conclusion

Mon expérience de voyage au Népal

Le Népal est une destination fantastique à explorer et j'ai eu la chance de visiter récemment le pays pour un voyage de deux semaines. Dès que je suis sorti de l'aéroport, j'ai été impressionné par l'environnement magnifique. Partout où je regardais, il y avait des montagnes aux sommets enneigés, de belles vallées verdoyantes et des rivières qui coulent.

Mon voyage a commencé à Katmandou, la capitale du Népal. C'était une ville magnifique, riche d'histoire et de culture. J'ai été impressionné par l'architecture époustouflante et les marchés animés. J'ai également eu l'occasion de visiter certains des célèbres temples et sanctuaires de la ville. De ce voyage, j'ai appris davantage sur les croyances religieuses et les rituels du peuple népalais.

La deuxième étape de mon aventure m'a conduit au parc national de Chitwan, une réserve faunique qui abrite certaines des espèces les plus magnifiques au monde. J'étais impressionné par la beauté du parc et les animaux rares que j'ai rencontrés. J'ai pu observer des éléphants, des rhinocéros et d'autres animaux sauvages dans leur habitat naturel. Ce fut une expérience fantastique que je n'oublierai jamais.

Après quelques jours à Chitwan, je me suis rendu à Pokhara, une ville du centre du Népal. C'est ici que j'ai pu découvrir les magnifiques montagnes de l'Himalaya. J'ai parcouru la chaîne de l'Annapurna et j'ai été impressionné par les paysages spectaculaires. J'ai également participé à une aventure de rafting en eaux vives sur la rivière Seti. C'était une expérience fantastique et j'ai ressenti un tel sentiment d'aventure.

Sur le chemin du retour vers Katmandou, j'ai fait un arrêt à Lumbini, le lieu de naissance du Seigneur Bouddha. J'ai été très frappé par ce lieu magnifique et l'ambiance spirituelle qui l'entoure.

Dans l'ensemble, mon voyage au Népal a été l'une des meilleures expériences de ma vie. J'ai pu visiter des paysages magnifiques, rencontrer des gens sympas et découvrir la riche culture et l'histoire du pays. Je recommande fortement le Népal à tous ceux qui recherchent une expérience de vacances unique et merveilleuse.

Introduction

Le Népal est un pays enclavé situé en Asie du Sud, entre l'Inde et la Chine. C'est le 93ème plus grand pays du monde en termes de superficie et le 41ème pays le plus peuplé avec une population d'environ 29 millions d'habitants. Le Népal est une nation variée composée de nombreuses cultures, langues et confessions. Il abrite certaines des plus hautes montagnes du monde, dont le mont Everest, et est le lieu de naissance du Bouddha.

Le Népal possède un héritage culturel riche et unique, représenté dans son architecture, sa musique, son art et sa cuisine. Le pays a une histoire riche, une culture dynamique et abrite certains des paysages les plus époustouflants du monde. Des sommets enneigés de l'Himalaya aux collines et vallées verdoyantes de la région du Terai, la géographie diversifiée du Népal en fait un rêve pour les randonneurs, les alpinistes et les amoureux de la nature.

L'économie du Népal est principalement agraire, la plupart des habitants pratiquant l'agriculture de subsistance et l'élevage. Le tourisme est une autre source de revenus clé pour le Népal, car le pays est reconnu pour sa magnifique beauté naturelle et son riche héritage culturel. Le Népal abrite également certaines des espèces d'animaux et d'oiseaux sauvages les plus rares au monde, ce qui en fait un sanctuaire pour les passionnés de la faune.

Le Népal est riche en ressources naturelles, avec une diversité de flore et d'animaux. C'est le deuxième pays le plus riche au monde en termes de biodiversité, avec 8 pour cent des plantes à fleurs de la planète, 8 pour cent des animaux de la planète et 10 pour cent des oiseaux de la planète.

Le Népal abrite également certains des paysages et chaînes de montagnes les plus magnifiques du monde. Le pays abrite 8 des 10 plus hautes montagnes du monde, dont le mont Everest et la chaîne de l'Annapurna. Le Népal abrite également de nombreuses rivières, lacs et vallées glaciaires pittoresques, ce qui en fait une destination idéale pour les amoureux de la nature et les amateurs de plein air.

Le Népal abrite également un mélange diversifié de cultures et de coutumes, ce qui en fait une destination intéressante pour les voyageurs. Le pays accueille diverses fêtes, notamment la fête hindoue de Dashain et la fête bouddhiste de Losar. Le Népal abrite également une gamme d'aliments ethniques, ce qui en fait un excellent voyage pour les gourmets.

Le Népal est un pays aux promesses et aux opportunités immenses. C'est un endroit sûr et hospitalier pour les voyageurs, avec une culture dynamique et un riche héritage. C'est un pays susceptible d'offrir aux visiteurs une expérience incroyable.

Brève histoire du Népal

Le Népal a une histoire longue et riche qui remonte à la période néolithique. Les premiers habitants connus de la région furent les Kiratis, dont le royaume prospéra environ du 7ème siècle avant notre ère au 3ème siècle après JC. C'est à cette époque que le bouddhisme fut introduit dans la région.

Au 4ème siècle de notre ère, la dynastie Licchavi prit le contrôle de la région et établit sa capitale dans la vallée de Katmandou. C'est durant cette période que le Népal fut unifié en une seule monarchie. Cette époque a été définie par une période de grande richesse et de croissance culturelle, la dynastie Licchavi introduisant de nombreux nouveaux styles architecturaux et artistiques.

La dynastie Licchavi a été suivie par la dynastie Malla au XIIe siècle, qui a été définie par une période de croissance religieuse, culturelle et artistique considérable. Pendant cette période, les trois royaumes de Katmandou, Patan et Bhaktapur furent établis.

La dynastie Malla a été remplacée par la dynastie Shah, qui a régné de 1768 à 2008. Durant cette période, le Népal était dominé par la famille Rana, avec le prince héritier comme chef de l'État. La famille Rana a adopté une stratégie d'isolationnisme et n'a généralement pas réussi à moderniser le pays.

En 1950, le roi Tribhuvan dissout la monarchie Rana et réintroduit la démocratie au Népal. Au cours des années suivantes, le Népal a connu une période de développement rapide, avec l'ouverture du pays au monde extérieur, l'introduction de la démocratie et la formation d'une nouvelle constitution.

En 2008, la monarchie a été abolie et le Népal a été déclaré république fédérale. Depuis lors, le Népal continue de faire face à des turbulences politiques et économiques, avec l'adoption d'une nouvelle constitution en 2015 et la mise en place d'un nouveau gouvernement en 2016. Néanmoins, le Népal reste un pays essentiellement pacifique et prospère, doté d'un riche héritage culturel et religieux. .

Religion

Le Népal est une nation essentiellement hindoue. L'hindouisme est la religion prédominante du pays et est pratiqué par plus de 80 pour cent de la population. Le bouddhisme est la deuxième religion la plus pratiquée au Népal, avec environ 10 % de la population qui y adhère. D'autres religions, comme l'islam, le christianisme, le jaïnisme et le sikhisme, sont également pratiquées dans tout le pays.

L'hindouisme est la religion la plus ancienne du Népal, ses origines remontant à la période védique. Les hindous croient en un Être ultime qui a créé l'univers et tous ses habitants. Ils croient également au cycle de la vie, de la mort, de la renaissance et à l'idée du karma. Les hindous du Népal vénèrent plusieurs dieux, dont Shiva, Vishnu, Kali et Saraswati.

Le bouddhisme est la deuxième religion la plus pratiquée au Népal. Il a été introduit dans le pays au 6ème siècle avant JC et est basé sur les enseignements de Siddhartha Gautama, considéré comme le fondateur du bouddhisme. Les bouddhistes croient aux quatre nobles vérités et à l'octuple chemin, qui sont les principes essentiels de la foi. Les bouddhistes du Népal concentrent leur pratique sur les enseignements du Bouddha et recherchent l'illumination via la méditation.

L'islam est la troisième religion la plus populaire au Népal et est pratiqué par environ 4,4 % de la population. L'Islam a été introduit au Népal au XIIe siècle par des commerçants du Moyen-Orient. Les musulmans du Népal croient en un Dieu unique et suivent les enseignements du Coran et du prophète Mahomet.

Le christianisme est la quatrième religion la plus pratiquée au Népal, avec environ 1,4 % de la population qui y adhère. Le christianisme a été introduit au Népal au XVIIe siècle par des missionnaires catholiques et protestants. Les chrétiens du Népal croient en un Dieu unique, créateur et soutien du cosmos. Ils croient également en la vie et les enseignements de

Jésus-Christ et en la Bible comme Parole de Dieu.

Le jaïnisme est la cinquième religion la plus pratiquée au Népal, avec environ 0,1 % de la population qui y adhère. Le jaïnisme est une ancienne religion indienne créée au 6ème siècle avant JC. Les Jaïns croient au principe de non-violence et aspirent à mener une vie de non-attachement et de détachement des biens matériels.

Le sikhisme est la sixième religion la plus pratiquée au Népal, avec environ 0,04 % de la population qui y adhère. Le sikhisme a été créé au XVIe siècle en Inde par Guru Nanak. Les Sikhs croient en un Dieu unique, créateur et soutien du cosmos. Ils croient également aux enseignements des dix gourous sikhs et du Guru Granth Sahib, le livre sacré des Sikhs.

Le Népal est une nation diversifiée sur le plan religieux, avec de nombreuses traditions et croyances religieuses coexistant pacifiquement. Malgré leurs différences, les nombreuses communautés religieuses du Népal sont unies dans le respect de leurs croyances respectives et dans leur engagement en faveur de la paix et de l'harmonie.

Géographie

Le Népal est un pays enclavé situé en Asie du Sud et entouré par l'Inde et la Chine. C'est une terre magnifique qui abrite la plus haute montagne du monde, le mont Everest, et de nombreux autres sommets majestueux.

Le Népal est divisé en trois zones géographiques principales : le Terai, les collines et les montagnes. La topographie du pays est très diversifiée et comprend une forêt tropicale luxuriante, des chaînes de montagnes aux sommets enneigés et les plaines plates et fertiles du Terai.

Le Teraï est une région de plaine du sud du Népal, frontalière avec l'Inde. La région se caractérise par des plaines plates et fertiles et constitue la zone la plus peuplée du pays. Le plateau est couvert de forêts tropicales, de prairies et de zones humides et abrite une grande diversité d'espèces.

Au nord du Teraï commence la région des Collines. Les collines sont caractérisées par des pentes abruptes, des vallées profondes et des terres agricoles en terrasses. Les collines abritent certains des panoramas alpins les plus époustouflants au monde. Cette région abrite la capitale népalaise, Katmandou, et constitue la destination la plus populaire des randonneurs et des visiteurs.

La région des montagnes est la partie la plus septentrionale du Népal et abrite huit des dix plus hauts sommets du monde. Cette région se distingue par des montagnes enneigées, des glaciers et des vallées profondes. La principale chaîne de montagnes du Népal est l'Himalaya, qui abrite le mont Everest, le plus haut sommet du monde.

Le Népal abrite de nombreuses zones climatiques diverses, allant du subtropical à l'alpin. Le climat du pays est très variable et va d'humide dans le Terai à froid et sec dans la région des montagnes. La saison de la mousson, qui dure de juin à septembre, apporte de fortes pluies dans certaines parties du pays.

La topographie du Népal est très diversifiée et abrite certaines des vues les plus magnifiques du monde. Des forêts tropicales luxuriantes du Terai aux sommets enneigés de l'Himalaya, le Népal est une région d'une beauté et d'une diversité extraordinaires.

Climat

Le Népal est situé dans la région subtropicale de l'hémisphère nord, entre l'Inde et la Chine. Le Népal bénéficie d'une vaste gamme de climats, du tropical au glacial. Le pays est divisé en trois grandes régions géographiques : l'Himalaya, le Terrain et les Middle Hills.

L'Himalaya est la plus haute chaîne de montagnes du monde et constitue la majeure partie de la région nord du Népal. Le climat ici est froid et sec, avec des températures moyennes comprises entre -17°C et -5°C en hiver et entre 5°C et 25°C en été. Les chutes de neige sont fréquentes tout au long des mois d'hiver et les plus hauts sommets, tels que l'Annapurna et le mont Everest, sont souvent recouverts de neige tout au long de l'année.

Le Teraï est la région de basse altitude située au sud de l'Himalaya. Le climat ici est plus chaud et humide que dans l'Himalaya, avec des températures allant de 10°C à 35°C. Les précipitations sont également nettement plus élevées, allant de 800 à 2 500 mm par an. Le Terai abrite également certaines des régions agricoles les plus productives du Népal.

Les Middle Hills sont la région du Népal située entre l'Himalaya et le Terai. Le climat ici est plus doux que dans l'Himalaya et le Terai, bien qu'il reste plus frais que dans le Terai. Les températures varient de 5°C à 25°C et les précipitations se situent normalement entre 500 et 1 500 mm par an. Cette région abrite de nombreux petits villages du Népal et constitue la partie la plus peuplée du pays.

De manière générale, le Népal bénéficie d'une diversité de climats, du froid et sec de l'Himalaya au chaud et humide du Terai. Les Middle Hills abritent la majeure partie de la population népalaise et offrent un environnement plus tempéré que les deux autres régions.

Population

Le Népal est un petit pays enclavé situé entre l'Inde et la Chine. C'est le 49e plus grand pays en termes de population, avec une population estimée à 28 608 710 habitants en juillet 2020. Le Népal est l'un des pays les plus densément peuplés au monde, avec une population moyenne de près de 200 habitants par kilomètre carré.

La population du Népal a augmenté progressivement au fil des ans, passant d'une population de 8,2 millions en 1951 à 28,6 millions en 2020. Le taux de croissance démographique du Népal est de 2,2 %, avec une croissance annuelle moyenne de 1,3 %. Le taux de croissance est légèrement supérieur à la moyenne mondiale de 1,1 %.

La majorité de la population (75 %) est rurale et pratique principalement l'agriculture de subsistance. La majeure partie de la population est hindoue, avec environ 4 % de bouddhistes. Le Népal compte également une importante minorité musulmane (4,4 %) et une petite minorité chrétienne (0,5 %).

Le taux d'alphabétisation au Népal est d'environ 65 %, avec un pourcentage plus élevé chez les hommes (72 %) que chez les femmes (56 %). Le taux d'alphabétisation est plus élevé dans les régions urbaines que dans les zones rurales. Le Népal est l'un des pays les plus pauvres au monde, avec plus d'un quart de la population vivant en dessous du seuil de pauvreté.

Le Népal a un taux de fécondité élevé de 4,1 enfants par femme, ce qui est supérieur à la moyenne mondiale de 2,5 enfants. Le taux de fécondité global a progressivement baissé ces dernières années, mais reste supérieur au niveau de remplacement des générations.

Le Népal est un pays jeune, avec plus de 50 pour cent de sa population âgée de moins de 25 ans. L'âge médian de la population est de 22,7 ans, avec une espérance de vie de 69,5 ans. La population devrait continuer à augmenter à l'avenir, pour atteindre 33 millions d'habitants d'ici 2050.

Biodiversité

Le Népal abrite une diversité exceptionnellement large d'animaux et d'écosystèmes, ce qui en fait l'un des pays les plus riches en biodiversité au monde. Avec à peine 0,1 % de la superficie mondiale, le Népal abrite certaines des espèces, habitats et écosystèmes les plus uniques au monde. Il existe environ 8 000 espèces de plantes à fleurs, 607 espèces d'oiseaux, 180 espèces d'animaux et plus de 600 espèces de papillons au Népal.

Le Népal comprend trois régions géographiques : l'Himalaya, les moyennes collines et le Terai. Chacun de ces endroits possède son propre ensemble unique de flore et de faune, ainsi que son écosystème distinct. L'Himalaya, qui couvre environ 30 pour cent de la superficie totale du pays, abrite une vaste gamme d'animaux de montagne, du léopard des neiges au mouton bleu. Les moyennes collines sont formées de collines et de vallées et abritent une variété d'oiseaux, de mammifères et de plantes. Le Terai abrite diverses espèces de mammifères, comme le rhinocéros à une corne et le tigre royal du Bengale, ainsi qu'une myriade de reptiles et d'amphibiens.

Le Népal abrite également plusieurs lieux protégés, tels que des parcs nationaux, des réserves animales et des zones de conservation. Ces régions sont mises de côté pour protéger et préserver la biodiversité du Népal, y compris ses espèces végétales et animales distinctives. Certaines des zones protégées les plus remarquables du Népal comprennent le parc national de Chitwan, la zone de conservation de l'Annapurna et le parc national de Sagarmatha.

La biodiversité du Népal est également menacée par les activités humaines, telles que la déforestation, le surpâturage et la pollution. Ces actions ont une influence majeure sur la biodiversité du pays, mettant en péril de nombreuses espèces et habitats. Pour lutter contre cela, le Népal a lancé de nombreux programmes de conservation, tels que les objectifs de développement durable et l'Accord de Ramsar sur les zones humides. Ces projets contribuent à sauvegarder et à conserver la biodiversité unique du Népal.

Le Népal est un pays magnifique et riche en biodiversité, avec une grande diversité d'écosystèmes et d'animaux. Des montagnes au

Terai, la biodiversité du Népal est une source de fierté. Mais il est également menacé par l'activité humaine et nous devons continuer à prendre des mesures pour le sauvegarder et le conserver.

Lumbini (lieu de naissance du Seigneur Bouddha)

Lumbini est un lieu de pèlerinage bouddhiste situé dans la région de Rupandehi au Népal et serait le lieu de naissance de Gautama Bouddha, le fondateur du bouddhisme. C'est l'un des quatre principaux lieux de pèlerinage du bouddhisme et a été classé au patrimoine mondial de l'UNESCO.

L'attraction principale de Lumbini est le jardin sacré autour du temple Mayadevi, qui serait le lieu exact où est né Gautama Bouddha. Le temple est situé au cœur du jardin et aurait été érigé à l'endroit même où est né le Bouddha. Le temple est entouré de plusieurs autres temples, stupas et monastères construits par des fidèles du monde entier, ce qui en fait une destination populaire auprès des pèlerins et des touristes du monde entier.

Le jardin comprend également une variété de monuments et de fouilles archéologiques, qui donnent un aperçu de la vie des anciennes communautés bouddhistes de la région. Le plus célèbre d'entre eux est le pilier Ashoka, érigé par l'empereur indien Ashoka en 249 avant notre ère pour commémorer son voyage vers ce lieu. Les monuments remarquables incluent la pagode de la paix mondiale, créée par des moines japonais dans les années 1990, et le musée Lumbini, qui présente des artefacts de l'histoire historique de la région.

La région abrite également l'Institut international de recherche Lumbini, qui se consacre à l'étude et à la préservation du bouddhisme et de ses enseignements. L'institut offre également un abri et une instruction aux moines et nonnes bouddhistes.

Lumbini est un site calme, tranquille et agréable à visiter, et constitue une destination populaire pour le pèlerinage et le tourisme. La région est également un excellent endroit pour découvrir la riche histoire et la culture du Népal.

Chapitre 1. Conseils de voyage de base

1. Quand visiter le Népal

Le Népal est un pays enclavé situé en Asie du Sud, entre l'Inde à l'est et la Chine au nord. Ayant les plus hauts sommets du monde, le Népal est le paradis des aventuriers. Elle présente une large gamme de températures et de topographies, ce qui en fait un endroit idéal pour les voyageurs à la recherche d'expériences variées.

Printemps (mars-mai) : Le printemps est l'une des meilleures périodes pour visiter le Népal. Le temps est modéré et chaud, avec des températures allant de 17℃ à 26℃. Les rhododendrons fleurissent en pleine force, donnant à la région un aspect pittoresque. Les montagnes sont encore recouvertes de neige, ce qui en fait une période fantastique pour le trekking et l'alpinisme. Le circuit de l'Annapurna et les randonnées du camp de base de l'Everest sont extrêmement spectaculaires pendant cette période.

Été (juin-août) : Le Népal reçoit des températures chaudes et humides pendant les mois d'été, avec des températures allant de 20 ℃ à 35 ℃. Même si les températures peuvent être rigoureuses, les mois d'été sont également parfaits pour les activités de plein air comme la randonnée et le rafting en eaux vives. Les rivières débordent des chutes de neige provenant des plus hauts sommets, ce qui en fait une saison fantastique pour le rafting.

Automne (septembre-novembre) : L'automne est la période la plus populaire pour visiter le Népal. Le temps est plus froid et le ciel est clair, ce qui le rend idéal pour les randonnées en montagne. Les températures varient de 15 ℃ à 25 ℃, ce qui le rend parfait pour le trekking et l'alpinisme. Les hauts sommets sont encore enneigés, ce qui rend les vues encore plus magnifiques.

Hiver (décembre-février) : L'hiver est la période la plus froide de l'année au Népal, avec des températures allant de 0°C à 10°C. Il est encore possible de faire de la randonnée à travers les montagnes, mais c'est plus difficile en raison du froid et de la neige. Pourtant, c'est toujours une excellente période pour les safaris animaliers et les visites culturelles. Les sommets enneigés de l'Himalaya sont particulièrement magnifiques à cette période.

Quelle que soit la période de l'année que vous choisissez pour visiter le Népal, vous serez assuré de vivre une expérience exceptionnelle. Les différents paysages, cultures et faune en font une destination idéale pour les vacanciers de tous types.

2. Comment aller au Népal

Le Népal est un pays magnifique et diversifié situé en Asie du Sud et bordé par l'Inde et la Chine. Il existe de nombreuses façons alternatives de se rendre au Népal en fonction de votre pays d'origine, de votre budget et de votre moyen de transport préféré. Voici quelques-unes des façons les plus courantes de se rendre au Népal :

Avion

Aller au Népal en avion est le moyen le plus populaire et le plus pratique d'arriver dans le pays. Il existe de nombreux aéroports internationaux au Népal, notamment l'aéroport international Tribhuvan de Katmandou, le plus grand aéroport du pays, ainsi que l'aéroport de Biratnagar, l'aéroport de Gautam Buddha et l'aéroport de Simara. Les principales compagnies aériennes qui voyagent au Népal comprennent Air India, China Southern Airlines, Qatar Airways, Turkish Airlines, Qatar Airways et United Airlines. En fonction de votre ville de départ et de vos dates de voyage, vous pourrez peut-être localiser des prix réduits et des transporteurs à bas prix.

Former

Aller au Népal en train est possible depuis l'Inde mais seulement à partir de deux gares, Jayanagar au Bihar et Kolkata au Bengale occidental. Le voyage est long et exigeant puisque le train parcourt une distance de près de 1 700 kilomètres (1 056 milles). Le trajet dure environ 25 heures et les billets peuvent être obtenus en ligne ou à la gare. Une fois arrivé à la frontière, vous devrez prendre un bus pour terminer le voyage jusqu'à Katmandou.

Voiture

Bien que le Népal ne dispose pas d'un réseau routier étendu, il est néanmoins possible d'accéder au pays en voiture. Conduire depuis l'Inde est le moyen le plus populaire et il existe plusieurs postes frontaliers, notamment Sunauli-Bhairahawa, Raxaul-Birgunj et Kakarbhitta-Kakadvitta. Les routes sont généralement en bon état et la conduite est assez facile. Mais vous devrez obtenir un visa népalais à votre arrivée et immatriculer votre voiture à la frontière.

Bus

Aller au Népal en bus est une alternative populaire pour les touristes venant d'Inde. Diverses lignes de bus relient les grandes villes de l'Inde et du Népal. Le voyage dure entre 12 et 14 heures, selon l'itinéraire et le nombre d'escales. Les bus sont confortables et offrent des équipements tels que la climatisation et des toilettes. Divers services de bus transfrontaliers proposent des liaisons entre les grandes villes du Népal et de l'Inde.

Bateau

Bien que moins courant que les autres modes de transport, il est néanmoins possible de rejoindre le Népal par bateau. Divers services de bateau opèrent entre l'Inde et le Népal, notamment une liaison hebdomadaire de Calcutta à Birgunj. Le voyage dure environ deux jours et les billets peuvent être obtenus au port. Les bateaux sont généralement bien équipés avec des installations telles que la climatisation et des sièges confortables.

En voiture

Vous pouvez également vous rendre au Népal en voiture depuis l'Inde ou la Chine. Mais il y a quelques restrictions. Par exemple, vous devez acquérir un permis de conduire international

(IDP) et obtenir un carnet de passage pour conduire au Népal.

Ce ne sont là que quelques façons de se rendre au Népal. Quelle que soit la manière dont vous choisissez de vous y rendre, le Népal sera probablement une expérience remarquable.

3. Meilleur moment pour visiter le Népal

Le Népal est un pays magnifique avec une gamme de températures et de paysages qui en font une destination idéale pour les voyageurs tout au long de l'année. Le Népal est situé dans l'Himalaya, ce qui signifie qu'il connaît une grande variété de conditions météorologiques et de températures. Chaque saison a son charme et propose des activités variées.

La meilleure saison pour visiter le Népal dépend du type d'activités que vous envisagez d'entreprendre et du type d'environnement que vous appréciez.

Si vous recherchez des températures plus chaudes, la meilleure période pour visiter le Népal se situe entre octobre et avril. Pendant cette période, les journées sont chaudes et les soirées froides. Cette saison est propice au trekking et à d'autres activités de plein air. La météo tout au long de cette saison en fait le meilleur moment pour découvrir les magnifiques chaînes de montagnes, les vallées luxuriantes et les vieilles villes du Népal.

La saison de la mousson s'étend de juin à septembre. Le temps à cette période est souvent humide et humide. Cette saison est idéale pour les personnes qui souhaitent explorer la splendeur des jungles et des rivières du Népal. Même si les pluies peuvent rendre les activités de plein air difficiles, la saison de la mousson est idéale pour l'observation des oiseaux, le rafting et les safaris dans la jungle.

Enfin, la saison hivernale s'étend de décembre à février. Les températures durant cette saison sont très agréables et les journées sont claires. Cette saison est idéale pour les personnes souhaitant visiter les régions de haute altitude du Népal. C'est aussi une excellente période pour visiter les monastères bouddhistes du Mustang et les temples hindous de Katmandou.

Quelle que soit la saison que vous choisissez pour visiter le Népal, vous êtes assuré de vivre une expérience inoubliable. Avec sa magnifique beauté naturelle et sa riche histoire, le Népal est une destination attrayante pour les vacanciers toute l'année.

4. Choses à faire à votre arrivée au Népal

Lorsque vous voyagez au Népal, vous devez connaître les coutumes et la culture locales. Voici quelques recommandations sur ce qu'il faut faire à votre arrivée au Népal.

1. Faites-vous vacciner: Avant votre arrivée au Népal, assurez-vous d'avoir tous les vaccins nécessaires pour vous protéger contre les maladies qui pourraient sévir dans la région. Parlez à votre médecin avant de partir pour vous assurer que vous disposez de toutes les injections appropriées.

2. Obtenez un visa touristique : Tous les visiteurs au Népal doivent obtenir un visa touristique pour entrer dans le pays. Vous pouvez soit demander un visa à l'ambassade du Népal avant votre arrivée, soit demander un visa à votre arrivée à l'aéroport international Tribhuvan de Katmandou.

3. Changer de devise: Vous devrez échanger votre devise contre la roupie népalaise locale (NPR) (NPR). Vous pouvez le faire à l'aéroport ou dans les banques et bureaux de change de la ville.

4. Préparez-vous à l'altitude: Le Népal est un pays montagneux et de nombreuses villes sont situées à haute altitude. Faites attention à boire beaucoup d'eau et à vous acclimater doucement à l'altitude pendant les premiers jours.

5. Respectez la culture : Le Népal est un pays conservateur et il est important de respecter la culture et les coutumes locales. Habillez-vous modestement, évitez les démonstrations d'affection en public et n'oubliez pas d'enlever vos chaussures lorsque vous entrez dans les lieux de culte.

6. Ne buvez pas l'eau du robinet: L'eau du robinet au Népal n'est pas potable, alors assurez-vous de vous en tenir à l'eau en bouteille.

7. Apprenez du népalais: Apprendre quelques mots et expressions de base en népalais peut grandement vous aider à vous déplacer à travers le pays.

8. Pack léger : Le Népal est un pays vallonné et vous devrez peut-être porter vos bagages dans les escaliers lorsque vous voyagez d'un endroit à l'autre. Assurez-vous de voyager léger et de voyager avec uniquement les éléments de base.

9. Restez connecté: Assurez-vous d'avoir une carte SIM locale afin de pouvoir rester en contact avec votre famille et vos amis restés chez vous.

10. Amusez-vous: Enfin et surtout, amusez-vous et profitez de votre séjour au Népal ! Il y a tellement de choses à explorer, alors sortez et profitez de la beauté et de la culture de ce grand pays.

11. Procurez-vous une carte SIM : Si vous comptez séjourner au Népal pendant un certain temps, vous devriez envisager de vous procurer une carte SIM. Cela vous aidera à rester en contact avec vos amis et votre famille restés chez vous et vous donnera accès à Internet. Assurez-vous d'étudier les nombreuses options disponibles et de choisir celle qui vous convient le mieux.

12. Visiter les sites touristiques : Le Népal regorge de sites touristiques incroyables que vous devriez découvrir. De l'Himalaya à couper le souffle aux villes animées de Katmandou et Pokhara, il y a de quoi découvrir. Assurez-vous d'enquêter sur les nombreuses destinations que vous pouvez visiter et de choisir celles qui vous intriguent le plus.

13. Essayez la nourriture: Le Népal est connu pour sa délicieuse cuisine, alors assurez-vous d'essayer quelques plats locaux. Du momos au thali, il y en a pour tous les goûts. Assurez-vous de demander aux habitants des conseils pour savoir où trouver la meilleure cuisine et quelles spécialités essayer.

14. Assurez-vous de rester en sécurité: Bien que le Népal soit un endroit incroyable à visiter, il est important de rester en sécurité. Assurez-vous de rechercher les précautions de sécurité que vous devez prendre avant de voyager, comme avoir une carte sur vous, éviter les régions isolées et utiliser les transports locaux.

En suivant ces conseils, vous pouvez vous assurer que votre séjour au Népal est aussi agréable et sûr que possible. Profitez de votre séjour dans ce beau pays !

5. Meilleurs endroits où séjourner au Népal

Le Népal, pays riche en culture, est l'endroit idéal pour des vacances extraordinaires. Avec son relief diversifié, des plus hauts sommets aux jungles luxuriantes, il y en a pour tous les goûts. Que vous recherchiez une visite culturelle, une expérience de trekking ou simplement une retraite tranquille, le Népal est le bon endroit où séjourner.

Si vous recherchez le luxe, il existe plusieurs hôtels et complexes hôteliers situés à travers le pays. Des hôtels cinq étoiles de Katmandou aux magnifiques stations balnéaires de Pokhara, vous pouvez découvrir l'endroit idéal pour séjourner. Ces hébergements offrent toutes les commodités dont vous avez besoin pour un séjour relaxant, notamment des piscines, des spas et des restaurants.

Si vous recherchez quelque chose de plus rural, il existe de nombreux lodges et maisons d'hôtes disséminés dans tout le pays. Ces lodges offrent une ambiance plus intime et chaleureuse. Ceux-ci sont généralement gérés par une famille et offrent une expérience plus réelle du Népal.

Pour une expérience véritablement unique, vous pouvez séjourner dans un salon de thé. Ce sont des lodges modestes et traditionnels situés dans l'Himalaya et sont généralement situés le long de sentiers de randonnée. Les salons de thé offrent un hébergement minimal, mais l'environnement est confortable et accueillant.

Pour une expérience véritablement authentique, vous pouvez séjourner dans une famille d'accueil. Ce sont des maisons d'hôtes familiales qui offrent une expérience plus personnelle. Les propriétaires de la famille d'accueil vous inviteront souvent à dîner, vous emmèneront en voyage et vous proposeront une expérience népalaise authentique.

Peu importe où vous choisissez de séjourner au Népal, vous serez sûr de vivre une expérience unique et incroyable. Avec ses paysages et sa culture uniques, vous trouverez quelque chose à faire et un endroit où séjourner, peu importe où vous voyagez.

6. Conditions d'entrée

Le Népal est un endroit magnifique situé en Asie du Sud. Il est connu pour ses paysages magnifiques, sa riche culture et sa diversité animale. Elle abrite également la plus haute montagne du monde, le mont Everest.

Si vous comptez visiter le Népal, vous devrez remplir les conditions d'admission. Tous les voyageurs se rendant au Népal doivent avoir un passeport valide et obtenir un visa avant leur arrivée.

Les voyageurs de certains pays peuvent acquérir un visa à leur arrivée au Népal. Ces pays comprennent les États-Unis, le Royaume-Uni, le

Canada, l'Inde, la Chine, le Japon et la Corée du Sud. Les visiteurs de ces pays peuvent obtenir un visa pour une durée maximale de 150 jours moyennant des frais de 25 dollars américains.

Les visiteurs d'autres pays doivent obtenir un visa avant leur arrivée au Népal. Les visas peuvent être obtenus auprès des ambassades ou des consulats népalais. Les visas peuvent être délivrés pour une durée maximale de 90 jours moyennant des frais de 25 $ US.

Tous les visiteurs au Népal doivent également avoir une preuve de la poursuite du voyage, comme un billet de retour ou un billet pour une destination ultérieure. Les touristes doivent également présenter une preuve de moyens financiers suffisants pour couvrir leur séjour au Népal.

Il est essentiel de noter que tous les touristes au Népal doivent avoir un passeport valide avec au moins 6 mois de validité restante. Les visas sont valables jusqu'à 90 jours, les voyageurs doivent donc planifier correctement leur voyage.

Enfin, les touristes au Népal doivent être conscients qu'il existe des restrictions sur les objets qu'ils peuvent emporter dans le pays. Tous les visiteurs doivent signaler toute monnaie ou objet de valeur supérieur à 500 $ US au moment de l'entrée. Toute arme, stupéfiant ou pornographie est strictement interdite et peut entraîner une arrestation et une expulsion.

Si vous comptez visiter le Népal, il est essentiel de vous renseigner sur les critères d'admission avant de voyager. Cela contribuera à garantir une visite sûre et heureuse.

7. Types de visa de voyageur

Le Népal propose plusieurs visas aux personnes se rendant dans le pays, en fonction du but de leur visite.

Visa touristique: Il s'agit du type de visa le plus populaire et il est accordé aux visiteurs visitant le Népal à des fins récréatives ou touristiques. Il est disponible pendant 15 jours, 30 jours et 90 jours et peut être prolongé jusqu'à 150 jours.

Visa d'affaires: Ce visa est accordé à ceux qui visitent le Népal à des fins professionnelles. Il est valable jusqu'à 90 jours et peut être prolongé jusqu'à 180 jours.

Vue des étudiants : Ce visa est accordé aux étudiants qui ont l'intention d'étudier au Népal. Il est valable jusqu'à un an et peut être prolongé jusqu'à deux ans.

Permis de travail: Ce visa est accordé aux personnes qui ont l'intention de travailler au Népal. Il est valable jusqu'à un an et peut être prolongé jusqu'à deux ans.

Visa de recherche : Ce visa est accordé aux personnes qui ont l'intention de mener des recherches au Népal. Il est valable jusqu'à un an et peut être prolongé jusqu'à deux ans.

Visa Médical : Ce visa est accordé aux personnes qui cherchent à obtenir un traitement médical au Népal. Il est valable jusqu'à un an et peut être prolongé jusqu'à deux ans.

Visa Diplomatique: Ce visa est délivré au personnel diplomatique et à leurs familles. Il est valable jusqu'à un an et peut être prolongé jusqu'à deux ans.

Visa de transit: Ce visa est délivré à ceux qui voyagent à travers le Népal pour moins de 150 jours. Il est valable 15 jours maximum et ne peut être prolongé.

Visa de conférence: Ce visa est délivré à ceux qui assistent à des conférences, séminaires ou ateliers au Népal. Il est valable jusqu'à 30 jours et peut être prolongé jusqu'à 90 jours.

Visa de journaliste: Ce visa est délivré aux journalistes se rendant au Népal pour des reportages ou une couverture médiatique. Il est valable jusqu'à 30 jours et peut être prolongé jusqu'à 90 jours.

8. Visa à l'arrivée

Le Népal propose un programme de visa à l'arrivée (VOA) pour les citoyens de certains pays. Le VOA est accessible aux touristes, aux visiteurs d'affaires et aux passagers en transit qui satisfont aux exigences d'un VOA. Le VOA est délivré à l'aéroport international Tribhuvan (TIA) de Katmandou et à d'autres points d'entrée dans le pays.

Pour obtenir un VOA, les voyageurs doivent présenter un passeport valide avec une validité minimale de six mois à compter de la date d'arrivée, deux photos au format passeport et le paiement des frais de visa. Le coût du VOA est de 25 USD pour un visa de 15 jours, de 40 USD pour un visa de 30 jours et de 100 USD pour un visa de 90 jours. Le VOA peut être prolongé une fois pour 15 jours supplémentaires moyennant des frais de 50 USD.

Les visiteurs qui reçoivent un VOA sont autorisés à rester dans le pays jusqu'à 15, 30 ou 90 jours, selon le type de visa délivré. Ils doivent également fournir une preuve de la poursuite du voyage et présenter un billet de retour valide à leur arrivée.

Le VOA est une option pratique pour les touristes et les voyageurs d'affaires qui souhaitent entrer au Népal sans avoir à demander un visa traditionnel à l'avance. Cela s'avère également utile pour les passagers en transit qui n'ont peut-être pas le temps de demander un visa à l'avance.

Le VOA est valable uniquement pour les visites au Népal et ne peut pas être utilisé à d'autres fins, comme l'emploi. Pour ceux qui souhaitent prolonger leur séjour au Népal au-delà de la validité du VOA, ils doivent demander un visa traditionnel auprès du ministère de l'Immigration ou de la mission diplomatique népalaise la plus proche.

Le VOA est ouvert aux citoyens de la plupart des pays, cependant, certains pays ne sont pas éligibles au VOA. Pour une liste mise à jour des pays éligibles, ainsi que plus d'informations sur le VOA et les exigences de visa pour le Népal, veuillez vous référer au site officiel du ministère de l'Immigration.

9. Restrictions de voyage

La nation himalayenne du Népal a adopté des restrictions de voyage depuis le début de l'épidémie de COVID-19, afin de contenir la propagation du virus dans le pays. Depuis janvier 2021, le gouvernement a interdit l'immigration de tous les ressortissants étrangers, à l'exception de ceux possédant un visa diplomatique et de quelques autres catégories spécifiques.

Pour pouvoir entrer, les voyageurs doivent avoir un visa valide, un test PCR effectué dans les 72 heures suivant leur arrivée et un certificat de santé valide. Le test PCR doit être effectué dans un laboratoire agréé par le gouvernement du Népal et le certificat de santé doit être délivré par un médecin ou un établissement de santé.

Les citoyens népalais qui reviennent de l'étranger doivent en outre avoir un visa valide, un test PCR effectué dans les 72 heures suivant leur arrivée et un certificat de santé valide. Mais ils doivent également subir une période de quarantaine obligatoire de 14 jours.

En outre, le gouvernement a imposé une interdiction sur les vols internationaux, à l'exception de ceux effectués pour des besoins diplomatiques ou d'urgence. Tous les voyageurs doivent également se conformer aux normes de santé locales, notamment en portant des masques, en maintenant une distance sociale et en se lavant régulièrement les mains.

Le gouvernement du Népal continue de surveiller la situation de près et peut imposer de nouvelles restrictions à tout moment. En tant que tel, les touristes doivent se tenir au courant des derniers avis et restrictions de voyage avant d'organiser un voyage au Népal.

10. Quoi emporter

Hommes:

• Des vêtements confortables et légers qui peuvent être superposés en fonction de la météo. Choisissez des matériaux à séchage rapide comme le coton, le nylon et les mélanges synthétiques.

• Une veste imperméable avec capuche et un coupe-vent.

• Des bottes de randonnée ou des chaussures confortables offrant une bonne adhérence.

• Un chapeau pour vous protéger du soleil et garder votre tête au chaud.

• Des lunettes de soleil

• Crème solaire

• Insecticide

• Une trousse de premiers soins contenant des articles de base, notamment des pansements, une pommade antibiotique et des analgésiques.

• Une lampe de poche avec des piles supplémentaires.

• Un multi-outil ou un couteau de poche.

• Un adaptateur secteur pour charger vos appareils électroniques.

• Une bouteille d'eau et un filtre à eau portable.

• Un appareil photo et des cartes mémoire supplémentaires.

• Espèces dans la devise locale.

• Un journal et un stylo pour prendre des notes.

Femmes:
• Des vêtements confortables et légers qui peuvent être superposés en fonction de la météo. Sélectionnez des textiles à séchage rapide comme le coton, le nylon et les mélanges synthétiques.

• Une veste imperméable avec capuche et un coupe-vent.

• Des bottes de randonnée ou des chaussures confortables offrant une bonne adhérence.

• Un chapeau pour vous protéger du soleil et garder votre tête au chaud.

• Des lunettes de soleil

• Crème solaire

• Insecticide

• Une trousse de premiers soins contenant des articles de base, notamment des pansements, une pommade antibiotique et des analgésiques.

• Une lampe de poche avec des piles supplémentaires.

• Un multi-outil ou un couteau de poche.

• Un adaptateur secteur pour charger vos appareils électroniques.

• Une bouteille d'eau et un filtre à eau portable.

• Un appareil photo et des cartes mémoire supplémentaires.

• Espèces dans la devise locale.

• Un journal et un stylo pour prendre des notes.
• Des élastiques à cheveux et une brosse ou un peigne.

• Maquillage et articles de toilette.

• Des foulards pour plus de chaleur et de style.

Enfants:

• Des vêtements confortables et légers qui peuvent être superposés en fonction de la météo. Sélectionnez des textiles à séchage rapide comme le coton, le nylon et les mélanges synthétiques.

• Une veste imperméable avec capuche et un coupe-vent.

• Des bottes de randonnée ou des chaussures confortables offrant une bonne adhérence.

• Un chapeau pour vous protéger du soleil et garder votre tête au chaud.

• Des lunettes de soleil

• Crème solaire

• Insecticide

• Une trousse de premiers soins contenant des articles de base, notamment des pansements, une pommade antibiotique et des analgésiques.

• Une lampe de poche avec des piles supplémentaires

Chapitre 3 : Transport et hébergement

11. Se déplacer

Le Népal est un magnifique pays situé en Asie du Sud et regorge de magnifiques montagnes, vallées, rivières et lacs. Elle abrite également de nombreuses cultures et religions différentes, ce qui en fait un site fascinant à explorer et à vivre. Voyager au Népal peut être difficile en raison du paysage montagneux, mais il existe plusieurs façons de se déplacer dans ce beau pays.

Bus: Le moyen le plus populaire pour se rendre au Népal est le bus. Plusieurs compagnies de bus proposent des voyages vers différents endroits. Ils sont généralement extrêmement économiques et peuvent offrir un voyage confortable. Les bus peuvent être réservés à l'avance ou vous pouvez acheter des billets à la gare.

Voiture: Un autre moyen courant de se déplacer au Népal est la voiture. C'est une excellente façon de découvrir la région et de se rapprocher de certains des magnifiques paysages. Les routes au Népal sont très sinueuses et peuvent être difficiles à manœuvrer, il est donc préférable d'embaucher un chauffeur ou une personne familiarisée avec les itinéraires.

Moto: Si vous recherchez une façon plus excitante de parcourir le Népal, vous pouvez envisager de prendre une moto. Les vélos sont généralement disponibles et peuvent être loués sur différents sites. Ils constituent une formidable façon de découvrir le pays puisqu'ils peuvent vous faire sortir des sentiers battus et vous offrir une expérience fascinante.

Former: Le système ferroviaire au Népal est assez limité, mais il existe quelques itinéraires qui peuvent vous emmener vers diverses destinations. Les trains sont généralement assez lents, mais ils constituent un excellent moyen d'admirer la vue imprenable sur les montagnes et les vallées.

Vol: L'un des moyens les plus pittoresques de se rendre au Népal est de prendre un vol. Le Népal compte de nombreuses compagnies aériennes nationales qui opèrent des vols vers différents endroits du pays. Les vols peuvent être chers, mais ils constituent un excellent moyen de se rendre dans certaines régions isolées du pays.

Randonnée : Pour ceux qui recherchent une approche plus unique pour explorer le Népal, le trekking est une excellente alternative. Le trekking est un passe-temps populaire au Népal et plusieurs itinéraires de trekking sont accessibles. La randonnée peut se faire à pied, ou avec l'accompagnement d'un guide et d'un porteur.

Bateau: Les bateaux sont disponibles dans de nombreux endroits au Népal et peuvent vous transporter vers des endroits inaccessibles par aucun autre moyen de transport. C'est une excellente façon de visiter le pays, surtout si vous recherchez une expérience plus décontractée.

Enfin, pour ceux qui souhaitent prendre leur temps et découvrir la région à un rythme plus tranquille, des croisières fluviales sont également proposées. Ces croisières offrent une approche unique pour découvrir les paysages et les rivières du Népal.

Quelle que soit la manière dont vous choisissez de visiter le Népal, ce sera une expérience merveilleuse. Le pays offre une pléthore de paysages magnifiques et de cultures fascinantes à explorer, et vous serez sûr de trouver un moyen de voyager qui répond à vos demandes et à votre budget.

12. Hébergement au Népal

Le Népal est une destination touristique réputée pour sa beauté naturelle et sa diversité culturelle. Il existe de nombreuses options de logement disponibles au Népal, allant des maisons d'hôtes et auberges abordables aux hôtels et complexes hôteliers de luxe.

Les maisons d'hôtes et les auberges sont les options les moins chères pour les voyageurs à petit budget. Ces lieux offrent des équipements de base tels que des matelas, des toilettes et une télévision, mais ne disposent généralement pas de nombreux services. Ceux-ci sont généralement situés dans de petites villes et villages et offrent une excellente occasion de découvrir la culture locale.

Les hôtels sont le choix d'hébergement le plus populaire au Népal et peuvent aller du bon marché au luxe. La plupart des hôtels offrent une variété de services tels que la climatisation, la télévision, Internet, une piscine et un restaurant.

La plupart des hôtels proposent également un transport gratuit depuis et vers l'aéroport.

Les complexes hôteliers de luxe offrent une expérience magnifique, avec toutes les commodités et services d'un hôtel cinq étoiles. Ces stations sont généralement situées dans de magnifiques sites montagneux et proposent une variété d'activités telles que le trekking, le rafting et les safaris.

Les séjours en maison sont un autre choix populaire pour les voyageurs qui souhaitent découvrir la culture et l'hospitalité de la population locale. Les séjours en maison offrent une occasion unique d'explorer la culture et les traditions d'une région et peuvent être trouvés dans de nombreuses zones rurales du Népal.

Le camping est une excellente façon d'explorer la grandeur de l'Himalaya. Le camping peut être pratiqué dans une gamme d'endroits allant des cols de haute altitude aux pâturages de plaine. La plupart des campings offrent des équipements de base tels que des toilettes et des douches.

Enfin, il existe une sélection d'hôtels et de retraites de luxe situés dans les régions isolées et magnifiques du Népal. Ces lodges offrent une expérience unique, avec une variété d'activités et de services, tels que des soins de yoga et de spa, ainsi que de la cuisine traditionnelle népalaise.

Chapitre 4 : Argent et langue

13. Monnaie du Népal

La monnaie nationale du Népal est la roupie népalaise (NPR) (NPR). Il est divisible en 100 paisa. La roupie népalaise est émise par la Nepal Rastra Bank (NRB) (NRB). La roupie népalaise est la seule monnaie légale pour toute transaction au Népal.

La roupie népalaise est en circulation depuis 1932, date à laquelle elle a remplacé le mohar en argent. Il est lié à la roupie indienne, émise par la Reserve Bank of India. Le taux de change entre les deux monnaies est fixé à 1 roupie indienne = 1,6 roupie népalaise. La roupie népalaise est reconnue dans certaines régions de l'Inde et du Bhoutan, mais pas dans d'autres pays.

La roupie népalaise est disponible en valeurs de 5, 10, 20, 25, 50, 100, 500 et 1 000. Les pièces sont disponibles en coupures de 1, 2, 5, 10, 25 et 50 paise et 1, 2, 5. , et 10 roupies.

La roupie népalaise est une monnaie librement convertible. Il peut être échangé dans les banques, les bureaux de change et les cambistes agréés. La Nepal Rastra Bank réglemente toutes les transactions de change.

La roupie népalaise est disponible sous forme d'espèces et sous forme non monétaire. Les billets sont émis en coupures de 5, 10, 20, 25, 50, 100, 500 et 1 000. Les pièces sont émises en coupures de 1, 2, 5, 10, 25 et 50 paise et 1, 2, 5 et 10 roupies. Les pièces et billets de banque sont également disponibles dans des versions commémoratives.

Outre la roupie népalaise, de nombreuses devises étrangères sont également acceptées au Népal. Les devises les plus répandues sont le dollar américain, l'euro, la livre sterling, le yen japonais, le yuan chinois, le franc suisse et la roupie indienne.

La roupie népalaise est utilisée à diverses fins au Népal. Il est utilisé pour payer des produits et des services, pour épargner et investir, ainsi que pour effectuer des paiements pour des transactions internationales. Il est également utilisé pour acheter des devises étrangères et effectuer des paiements à l'étranger.

14. Où échanger de l'argent au Népal

Changer de l'argent au Népal est très simple, car la roupie népalaise (NPR) est la monnaie officielle et est communément acceptée dans toutes les grandes villes. Il existe différentes manières de convertir de l'argent au Népal, notamment les banques, les kiosques de change et les bureaux de change.

Banques: La plupart des banques au Népal, y compris les banques commerciales et les banques de développement, proposent des services de change. Les personnes souhaitant échanger de plus grandes quantités d'argent liquide peuvent négocier un meilleur taux de change à la banque. Les banques au Népal exigent normalement que leurs clients présentent une pièce d'identité appropriée, telle qu'un passeport ou un permis de conduire, pour convertir de l'argent.

Kiosques de change: Les kiosques de change peuvent être situés dans les aéroports et certains grands centres touristiques, comme Thamel à Katmandou. Ces kiosques offrent des taux de change raisonnables et constituent une solution pratique pour les personnes qui ont besoin de convertir rapidement de l'argent.

Changeurs de monnaie: Les changeurs de monnaie sont assez répandus au Népal et constituent un excellent choix pour ceux qui ont besoin de convertir de petites sommes d'argent. Les changeurs de monnaie proposent souvent des taux bas et constituent une solution adaptée pour les consommateurs qui souhaitent éviter les frais liés aux banques et aux kiosques de change.

Les changeurs de monnaie peuvent être trouvés dans les grandes villes et les hauts lieux touristiques, comme Thamel à Katmandou.

Il est essentiel de garder à l'esprit que les taux de change au Népal peuvent fluctuer considérablement et qu'il est important de rechercher le meilleur taux avant d'échanger de l'argent. En outre, il est crucial de confirmer que le taux de conversion est exact et que le changeur de monnaie ou la banque est crédible.

15. Argent et budgétisation

Le Népal est un pays situé dans la région himalayenne de l'Asie du Sud, bordé par l'Inde et la Chine. Le Népal est l'un des pays les plus pauvres au monde et nombre de ses habitants vivent dans la pauvreté. Bien que l'économie du pays se développe, elle se heurte encore à plusieurs obstacles, notamment l'accès aux produits essentiels comme la nourriture, l'eau et l'éducation.

L'argent et la budgétisation sont des sujets cruciaux pour les touristes au Népal, car le pays possède un système monétaire distinct et une gamme d'institutions financières. Les visiteurs doivent se renseigner sur la devise, les taux de change et d'autres facteurs financiers avant leur voyage.

La monnaie officielle du Népal est la roupie népalaise (NPR) (NPR). Le taux de change fluctue quotidiennement et peut être consulté auprès de la banque centrale du pays ou en ligne. Les dollars américains et les euros sont également acceptés dans de nombreux endroits au Népal. Cependant, les voyageurs doivent vérifier auprès des vendeurs locaux ou des banques pour être sûrs d'obtenir la meilleure offre.

La plupart des principales cartes de crédit sont acceptées au Népal, même si les touristes doivent être conscients des frais de transaction à l'étranger qui peuvent être perçus. De plus, les guichets automatiques sont facilement disponibles dans les grandes villes et les destinations touristiques, mais ils ne sont pas toujours fiables ou sûrs à utiliser.

Lorsqu'il s'agit de budgétiser au Népal, les voyageurs doivent être conscients que les dépenses peuvent varier considérablement en fonction de leur destination. Dans les grandes villes, les coûts peuvent être similaires à ceux des États-Unis et de l'Europe, mais dans les zones rurales et les coins éloignés du pays, les voyageurs peuvent constater que les prix sont nettement inférieurs.

Il est également essentiel d'examiner le coût du transport au Népal. Les bus publics sont le moyen de transport le moins cher, mais ils peuvent être bondés et inconfortables. Les taxis constituent un choix plus confortable, même s'ils peuvent être coûteux. La randonnée est une méthode populaire pour explorer le pays, même si elle peut être coûteuse en fonction de la longueur de la montée et de l'hébergement.

Dans l'ensemble, le Népal est un pays avec une culture unique et intrigante, et il est possible de voyager et de découvrir le pays sans se ruiner. En vous familiarisant avec la monnaie et les taux de change, en planifiant correctement et en étudiant les choix de transport en commun, vous pourrez tirer le meilleur parti de vos vacances.

16. Langue népalaise

Le Népal est un pays multilingue avec plus de 123 langues parlées dans différentes régions du pays. Selon le recensement national de 2011, le népalais est la langue la plus parlée dans le pays, parlée par 44,6 % de la population. Les autres langues parlées au Népal comprennent le maithili (11,7 pour cent), le bhojpuri (6,0 pour cent), le tharu (5,8 pour cent), le tamang (5,1 pour cent) et le magar (3,9 pour cent) (3,9 pour cent).

Népalais est la langue officielle du Népal et est parlée par la majorité de la population. Il fait partie de la branche indo-aryenne de la famille des langues indo-européennes et est étroitement lié à d'autres langues indo-aryennes telles que l'hindi et le pendjabi. Le népalais est écrit dans l'écriture Devanagari et possède un fort héritage littéraire.

Maithili est la deuxième langue la plus parlée au Népal et elle est largement parlée dans la partie orientale du pays. C'est un membre de la branche Maithili-Magadhi de la famille des langues indo-aryennes et est étroitement lié à d'autres langues telles que le Bhojpuri, le Magahi et l'Awadhi.

Bhojpuri est la troisième langue la plus parlée au Népal et est largement parlée dans la partie sud du pays. C'est un membre de la branche bihari de la famille des langues indo-aryennes et est étroitement lié à d'autres langues telles que le maithili, le magahi et l'awadhi.

Tharu est la quatrième langue la plus parlée au Népal et est largement parlée dans la partie occidentale du pays. C'est un membre de la famille des langues indo-aryennes et est étroitement lié à d'autres langues telles que le maithili, le bhojpuri et le magahi.

Droite est la cinquième langue la plus parlée au Népal et est parlée principalement dans la partie centrale du pays. Il fait partie de la famille des langues tibéto-birmanes et est étroitement lié à d'autres langues telles que le gurung, le magar et le sherpa.

Estomacs est la sixième langue la plus parlée au Népal et est largement parlée dans la partie occidentale du pays. Il fait partie de la famille des langues sino-tibétaines et est étroitement lié à d'autres langues telles que le gurung, le tamang et le sherpa.

Le Népal abrite également plusieurs autres langues, notamment le newari, le limbu, le rai et d'autres pays. C'est la lingua franca du Népal et elle est utilisée dans le gouvernement, l'éducation et les affaires. Il est également utilisé à des fins culturelles, telles que la narration et la poésie.

Le népalais est une langue très phonétique, avec une grammaire relativement basique et peu d'incohérences. Il dispose d'un système à trois voies de genre et de nombre, ainsi que d'un système complet d'affixes et de suffixes. La langue contient également une gamme de dialectes et d'accents, avec des variations dans le lexique et la prononciation. Malgré ces variations, toutes les variétés de népalais sont mutuellement intelligibles.

17. Phrases en langue népalaise

Les expressions en langue népalaise sont largement utilisées pour communiquer entre les résidents du pays, ainsi qu'avec les visiteurs. Pour aider les visiteurs à comprendre ce qui se dit, j'ai développé une liste de 20 expressions fréquentes dans la langue népalaise que les visiteurs doivent apprendre.

1. Namaste - Bonjour/Salutations

2. Dhanyaabad - Merci

3. Tapai lai kasto chha ? - Comment vas-tu?

4. Saralai chha - je vais bien

5. Kahachia ? - Où es-tu?

6. Tapai ku lagi kasto chha ? - Comment se passe ton travail ?

7. Maile ho - je suis là

8. Maile pani cha - je suis là aussi

9. Kaha jaane? - Où vas-tu?

10. Kaile Jane ? - Quand vas-tu?

11. Tapai ko ho ? - Que fais-tu?

12. Qui est-ce ? - Comment était votre voyage?

13. Tapai le chha kaha ? - D'où viens-tu?

14. Où dois-je aller ? - Où vais-je?

15. Kaha chhau ? - Où dois-je aller?

16. Kaile, aayo ? - Quand es-tu arrivé?

17. Voulez-vous trouver de l'eau ? - Qu'est-ce que tu cherches?

18. Et Lagos ? - Comment était-ce?

19. Tapi ou hoina ? - Qu'est-ce qui ne se passe pas ?

20. Maile taiko fait dérailler Ramro Chha - Je suis extrêmement ravi de vous rencontrer.

Chapitre 5 : Attraction et tourisme

18.Parcs

1. Parc national de Chitwan: Premier parc national du Népal, il est situé dans le sud-ouest du pays et couvre une superficie de 932 km². Il abrite plus de 700 espèces de plantes, plus de 500 espèces d'oiseaux et de nombreuses espèces d'animaux, dont des rhinocéros et des tigres.

2. Parc national de Shivapuri: Il est situé dans la vallée de Katmandou et couvre une superficie de 159 km². C'est le deuxième plus grand parc national du Népal et abrite de nombreuses espèces d'oiseaux, de reptiles et de mammifères.

3. Parc national du Langtang: Situé au nord du pays, il couvre une superficie de 1 710 km². Il abrite de nombreuses espèces rares de plantes et d'animaux, notamment le léopard des neiges, l'ours noir de l'Himalaya et le cerf porte-musc.

4. Parc national du Kanchenjunga: Situé à l'est du pays, il couvre une superficie de 2 035 km². Il abrite diverses espèces d'oiseaux, de mammifères, de reptiles et d'amphibiens.

5. Parc national Makalu Barun: Située à l'est du pays, elle couvre une superficie de 1 500 km². Il abrite diverses espèces de flore, d'oiseaux, de reptiles et de mammifères, notamment le léopard des neiges, le panda roux et le cerf porte-musc.

6. Parc national de Rara : Situé à l'extrême ouest du pays, il couvre une superficie de 106 km². Il abrite diverses variétés de plantes et d'animaux, notamment le panda roux et le cerf porte-musc.

7. Parc national de Sagarmatha: Situé à l'est du pays, il couvre une superficie de 1 148 km². Il abrite divers types de flore, d'oiseaux et de mammifères, notamment le léopard des neiges, le panda roux et le cerf porte-musc.

19. Culturel Des sites

1. Place Durbar de Katmandou: Situé au cœur de Katmandou, c'est un complexe d'anciens temples, palais et monuments. C'est un site du patrimoine mondial de l'UNESCO et abrite de nombreuses sculptures et gravures anciennes.

2. Place Durbar de Patan : Situé dans la ville de Patan, c'est un complexe d'anciens temples, palais et monuments. C'est un site du patrimoine mondial de l'UNESCO et abrite de nombreuses sculptures et gravures anciennes.

3. Place Durbar de Bhaktapur: Situé dans la ville de Bhaktapur, c'est un complexe d'anciens temples, palais et monuments. C'est un site du patrimoine mondial de l'UNESCO et abrite de nombreuses sculptures et gravures anciennes.

4. Temple Pashupatinath: Situé à Katmandou, c'est l'un des temples hindous les plus sacrés au monde. C'est un site du patrimoine mondial de l'UNESCO et abrite de nombreuses sculptures et gravures anciennes.

5. Stupa de Boudhanath : Situé à Katmandou, c'est l'un des plus grands stupas bouddhistes au monde. C'est un site du patrimoine mondial de l'UNESCO et abrite de nombreuses sculptures et gravures anciennes.

6.Temple Changu Narayan : Situé à Bhaktapur, c'est l'un des plus anciens temples hindous du Népal. C'est un site du patrimoine mondial de l'UNESCO et abrite de nombreuses sculptures et gravures anciennes.

7. Stupa de Swayambhu: Situé à Katmandou, c'est l'un des stupas bouddhistes les plus importants du Népal. C'est un site du patrimoine mondial de l'UNESCO et abrite de nombreuses sculptures et gravures anciennes.

20. Montagnes:

1. Mont Everest :Également connu sous le nom de Sagarmatha, le mont Everest est la plus haute montagne du monde et l'une des destinations les plus prisées des alpinistes. Culminant à 8 848 mètres, il est situé à la frontière entre le Népal et le Tibet.

2. Machhapuchhre : Machhapuchhre est la deuxième plus haute montagne du Népal et culmine à 6 993 mètres. Il est situé dans le

La région de l'Annapurna est un endroit célèbre pour les randonneurs et les alpinistes

3. Ganesh Himal : Ganesh Himal est la quatrième plus haute montagne du Népal et culmine à 7 422 mètres. Il est situé dans la région centrale du Népal et constitue une destination populaire auprès des randonneurs et des alpinistes.

4. Ama Dablam : Ama Dablam est la cinquième plus haute montagne du Népal et culmine à 6 812 mètres. Il est situé dans la partie orientale du

Népal et constitue une destination réputée pour les randonneurs et les alpinistes.

5. Kanchenjunga : Le Kanchenjunga est la troisième plus haute montagne du monde et culmine à 8 586 mètres. Il est situé dans la partie orientale du Népal et constitue une destination réputée pour les randonneurs et les alpinistes.

6. Lhotsé: Le Lhotse est la quatrième plus haute montagne du monde et culmine à 8 516 mètres. Il est situé dans la partie orientale du Népal et constitue une destination réputée pour les alpinistes.

7. Cho Oyu : Cho Oyu est la sixième plus haute montagne du monde et culmine à 8 188 mètres. Il est situé dans la partie occidentale du Népal et constitue une destination réputée pour les alpinistes.

8. Dhaulagiri : Le Dhaulagiri est la septième plus haute montagne du monde et culmine à 8 167 mètres. Il est situé dans la partie ouest du Népal et constitue un endroit célèbre pour les alpinistes et les explorateurs.

9. Manaslu: Le Manaslu culmine à 8 163 mètres et est la huitième plus haute montagne du monde. Il est situé dans la partie nord du Népal et constitue un endroit célèbre pour les alpinistes et les randonneurs.

10.Annapurna: L'Annapurna est la dixième plus haute montagne du monde et est située dans la partie occidentale du Népal. Il culmine à 8 091 mètres et constitue la destination de randonnée la plus populaire du Népal.

21. Temples et sanctuaire

1. Temple Pashupatinath: Ce temple est situé à Katmandou et est l'un des temples hindous les plus importants du Népal. Il est dédié au Seigneur Shiva et constitue une destination populaire pour les pèlerins du monde entier.

2. Temple Changu Narayan : Ce temple est situé à Bhaktapur et est dédié au Seigneur Vishnu. C'est l'un des temples les plus anciens du Népal et constitue une destination populaire pour les pèlerins hindous.

3. Stupa de Swayambhunath: Ce stupa est situé à Katmandou et est l'un des sanctuaires bouddhistes les plus importants du Népal. C'est un site célèbre pour les pèlerins bouddhistes du monde entier.

4. Temple Manakamana : Ce temple est situé à Gorkha et est dédié à la déesse Bhagwati. C'est une destination réputée pour les pèlerins hindous du monde entier.

5. Temple de Muktinath : Ce temple est situé à Mustang et est dédié au Seigneur Vishnu. C'est l'un des sites de pèlerinage les plus importants du Népal et une destination populaire pour les pèlerins hindous.

6. Temple Dakshinkali: Ce temple est situé à Katmandou et est dédié à la déesse Kali. C'est une destination réputée pour les pèlerins hindous du monde entier.

7. Lumbini Boudhanath Stupa : Ce stupa est situé à Lumbini et est l'un des sanctuaires bouddhistes les plus importants du Népal. C'est un site célèbre pour les pèlerins bouddhistes du monde entier.

8. Stupa de Boudhanath: Ce stupa est situé à Katmandou et est l'un des sanctuaires bouddhistes les plus importants du Népal. C'est un site célèbre pour les pèlerins bouddhistes du monde entier.

9. Parc national de Chitwan : Ce parc est situé dans le district de Chitwan et abrite de nombreux sanctuaires hindous et bouddhistes. C'est une destination populaire auprès des pèlerins et des touristes du monde entier.

10. Temple Janaki: Ce temple est situé à Janakpur et est dédié à la déesse Sita. C'est une destination réputée pour les pèlerins hindous du monde entier.

22. Rivières et les lacs

1. Rivière Koshi: Situé dans la partie orientale du pays, c'est l'un des plus longs fleuves du Népal, avec 729 km. C'est un endroit populaire pour le rafting, le kayak et la pêche.

2. Rivière Narayani: Situé dans la partie sud du pays, c'est l'un des plus grands fleuves du Népal, avec 515 km. C'est un endroit populaire pour le rafting, le kayak et la pêche.

3. Rivière Karnali : Situé dans la partie occidentale du pays, c'est l'un des plus longs fleuves du Népal, avec 672 km. C'est un endroit populaire pour le rafting, le kayak et la pêche.

4. Rivière Seti: Situé dans la partie ouest du pays, c'est l'un des plus beaux fleuves du Népal, avec 173 km. C'est un endroit populaire pour le rafting, le kayak et la pêche.

5. Lac Fewa: Situé au cœur de Pokhara, c'est l'un des plus grands lacs du Népal, avec une superficie de 8,8 km². C'est un site populaire pour la navigation de plaisance, la baignade et la pêche.

6. Lac Rara: Situé à l'extrême ouest du pays, c'est le lac le plus profond du Népal, à 5,2 km. C'est un site populaire pour la navigation de plaisance, la baignade et la pêche.

7. Lac Phewa: Situé dans la vallée de Pokhara, c'est le deuxième plus grand lac du Népal, avec 4,43 km². C'est un site populaire pour la navigation de plaisance, la baignade et la pêche.

23. Vallée

1. Vallée de Katmandou: Située au cœur du pays, elle abrite trois grandes villes, Katmandou, Lalitpur et Bhaktapur. C'est un endroit populaire pour le tourisme, la randonnée et le shopping.

2. Vallée du Mustang : Située dans la région de l'Annapurna, c'est une vallée reculée et isolée. C'est un endroit populaire pour la randonnée, l'équitation et l'exploration culturelle.

3. Vallée du Langtang: Située dans la chaîne du Langtang Himal, c'est une vallée de haute altitude entourée de montagnes aux sommets enneigés. C'est un endroit populaire pour le trekking et l'alpinisme.

4. Vallée de Manang : Située dans le district de Manang, c'est une vallée de haute altitude entourée de montagnes aux sommets enneigés. C'est un lieu réputé pour le trekking, l'alpinisme et la découverte culturelle.

5. Vallée de Phu : Située dans le district de Manang, c'est une vallée reculée et isolée. C'est un endroit populaire pour la randonnée, l'équitation et l'exploration culturelle.

6. Vallée de Humla: Située à l'extrême ouest du pays, c'est une vallée reculée et isolée. C'est un endroit populaire pour la randonnée, l'équitation et l'exploration culturelle.

7. Vallée de Dolpa: Située à l'extrême ouest du pays, c'est une vallée reculée et isolée. C'est un endroit populaire pour la randonnée, l'équitation et l'exploration culturelle.

24. Architecture et les arts

1. Place Durbar de Katmandou: Situé au cœur de Katmandou, c'est un complexe d'anciens temples, palais et monuments. C'est un site du patrimoine mondial de l'UNESCO et abrite de nombreuses sculptures et gravures anciennes.

2. Place Durbar de Patan : Situé dans la ville de Patan, c'est un complexe d'anciens temples, palais et monuments. C'est un site du patrimoine mondial de l'UNESCO et abrite de nombreuses sculptures et gravures anciennes.

3. Place Durbar de Bhaktapur : Situé dans la ville de Bhaktapur, c'est un complexe d'anciens temples, palais et monuments. C'est un site du patrimoine mondial de l'UNESCO et abrite de nombreuses sculptures et gravures anciennes.

4. Temple Changu Narayan : Situé à Bhaktapur, c'est l'un des plus anciens temples hindous du Népal. C'est un site du patrimoine mondial de l'UNESCO et abrite de nombreuses sculptures et gravures anciennes.

5. Stupa de Swayambhu: Situé à Katmandou, c'est l'un des stupas bouddhistes les plus importants du Népal. C'est un site du patrimoine mondial de l'UNESCO et abrite de nombreuses sculptures et gravures anciennes.

Chapitre 6 : Activités au Népal

25. Activités de plein air

Le Népal est un pays exceptionnellement diversifié avec une myriade de choses à découvrir. Du trekking au rafting en passant par le parapente et le VTT, le Népal est le paradis des amateurs de plein air. Voici quelques-unes des activités dont les visiteurs peuvent profiter au Népal :

Randonnée : Avec ses superbes vues sur l'Himalaya, le Népal est le paradis des randonneurs. Du circuit classique de l'Annapurna à la vallée plus isolée du Langtang et du Mustang, vous avez le choix entre une variété de randonnées. Pour ceux qui recherchent une randonnée plus tranquille, il existe également de nombreuses randonnées d'une journée et de courtes randonnées.

Rafting: Avec ses rivières de montagne spectaculaires, le Népal est l'un des meilleurs pays au monde pour le rafting en eaux vives. Les rapides vont de ceux adaptés aux débutants à ceux plus extrêmes pour les chevrons plus expérimentés.

Parapente: Le Népal est l'un des meilleurs sites au monde pour le parapente. Avec des sommets vertigineux et des vues magnifiques, les parapentistes peuvent découvrir une façon nouvelle et passionnante de découvrir le pays.

Vélo de montagne: Avec son superbe terrain alpin, le Népal est un endroit parfait pour les vététistes. Des excursions faciles d'une journée aux randonnées de plusieurs jours, il existe de nombreux sentiers à explorer.

Touristique: Des métropoles animées de Katmandou et Pokhara aux temples et stupas antiques, le Népal regorge de choses fascinantes à voir. Il existe également de nombreux lieux culturels et historiques à explorer, notamment le lieu de naissance du Bouddha, Lumbini.

Observation de la faune : Le Népal abrite une variété d'animaux, du tigre du Bengale, une espèce en voie de disparition, au léopard des neiges insaisissable. Les visiteurs peuvent également observer des éléphants, des rhinocéros et une variété d'oiseaux.

Yoga et méditation: Le Népal est l'endroit idéal pour pratiquer le yoga et la méditation. Il existe plusieurs retraites et ashrams proposant des cours et des retraites aux personnes souhaitant vivre une expérience spirituelle plus profonde.

Ce ne sont là que quelques-unes des nombreuses activités dont les visiteurs peuvent profiter au Népal. Que vous recherchiez de l'action ou de la détente, le Népal offre quelque chose pour tout le monde.

26. Achats

Le Népal est une destination idéale pour les amateurs de shopping. Il propose une grande variété d'articles allant des produits traditionnels et ethniques aux produits modernes. Le shopping au Népal est une expérience incroyable car il offre une bonne combinaison de magasins traditionnels et modernes.

Les rues de Katmandou, la capitale, regorgent de boutiques et d'étals vendant de tout, des vêtements et bijoux à l'artisanat et aux souvenirs.

Les lieux de shopping les plus populaires au Népal sont :

27. Centres commerciaux :

1. Central Mall, Katmandou : Central Mall est l'un des plus grands centres commerciaux du Népal, situé au cœur de Katmandou. Elle compte plus de 70 magasins offrant une variété de produits et de services, notamment des vêtements, des chaussures, des appareils électroniques, de la décoration intérieure, des bijoux et bien plus encore.

2. Centre commercial du centre-ville, Lalitpur: City Center Mall est situé à Lalitpur, juste à l'extérieur de Katmandou, et est connu pour son architecture moderne, son excellent service client et son excellente expérience de shopping. Il compte environ 40 points de vente tels que des détaillants de marques étrangères, des hypermarchés, des zones de divertissement, etc.

3. Centre commercial civil, Sundhara : Civil Mall est l'un des plus anciens centres commerciaux de Katmandou, offrant une excellente expérience de shopping. Il compte environ 60 détaillants proposant de tout, des vêtements à l'électronique, et dispose même d'une aire de restauration.

4. Centre commercial Durbar Marg, Katmandou : Le centre commercial Durbar Marg est l'un des centres commerciaux les plus populaires de Katmandou. Il compte environ 100 boutiques proposant des vêtements, des appareils électroniques, des bijoux, des meubles et bien plus encore.

5. Centre commercial de Katmandou, Thamel : Le centre commercial Kathmandu Mall est situé au cœur de Thamel, une destination touristique populaire à Katmandou. Il propose une variété de magasins, notamment des vêtements, des appareils électroniques, des bijoux, des boutiques de cadeaux et bien plus encore.

6. Centre commercial New Road, Katmandou : Le centre commercial New Road est situé au cœur de Katmandou et est l'un des plus grands centres commerciaux de la ville. Il comprend une gamme de détaillants, de restaurants et de zones de divertissement.

7. Centre commercial Thamel, Thamel : Le centre commercial Thamel est situé au cœur de Thamel et est l'un des centres commerciaux les plus populaires de la ville. Il comprend une gamme de détaillants, de restaurants et de zones de divertissement.

28. Marchés locaux :

1. Marché Ason, Katmandou : Ason Market est un marché traditionnel situé au cœur de Katmandou. Il est connu pour vendre une variété d'articles traditionnels, notamment des vêtements, des bijoux, des épices et bien plus encore.

2. Marché Bhotahity, Thamel : Le marché de Bhotahity est un marché populaire situé à

Thamel, une destination touristique populaire à Katmandou. Il est connu pour sa variété d'articles, notamment des vêtements traditionnels, des bijoux, des épices et bien plus encore.

3. Marché Indra Chowk, Katmandou : Le marché Indra Chowk est l'un des plus anciens marchés de Katmandou. Il est connu pour vendre une variété d'articles, notamment des vêtements, des bijoux, des épices et bien plus encore.

4. Marché Jamal, Katmandou : Le marché Jamal est un marché populaire situé au cœur de Katmandou. Il est connu pour sa diversité de choses, notamment des vêtements traditionnels, des bijoux, des épices et bien plus encore.

5. Marché des fruits et légumes de Kalimati, Katmandou : Le marché des fruits et légumes de Kalimati est un marché populaire situé au cœur de Katmandou. Il est connu pour sa variété de fruits et légumes frais provenant de tout le Népal.

6. Nouveau marché routier, Katmandou: New Road Market est situé au cœur de Katmandou et est l'un des plus grands marchés de la ville. Il est connu pour sa variété d'articles, notamment des vêtements, des bijoux, des épices et bien plus encore.

7. Marché de Thamel, Thamel: Le marché de Thamel est un marché populaire situé au cœur de Thamel, une destination touristique populaire à Katmandou. Il est connu pour sa diversité de choses, notamment des vêtements traditionnels, des bijoux, des épices et bien plus encore.

29. Magasins et stands :

1. **Boutique d'artisanat Kupondole, Katmandou :** Kupondole Handicrafts Shop est un magasin populaire à Katmandou. Il est connu pour sa variété d'articles faits à la main provenant de tout le Népal, notamment des vêtements, des bijoux, des sculptures sur bois et bien plus encore.

2. **Boutique d'artisanat Boudhanath, Katmandou :** Bodnath Handicrafts Shop est un magasin populaire à Katmandou. Il est connu pour sa gamme d'objets faits à la main provenant de tout le Népal, notamment des vêtements, des

bijoux, des sculptures sur bois et bien plus encore.

3. Boutique d'artisanat de Chitwan, Chitwan : Chitwan Handicrafts Shop est un magasin populaire situé à Chitwan. Il est connu pour sa gamme d'objets faits à la main provenant de tout le Népal, notamment des vêtements, des bijoux, des sculptures sur bois et bien plus encore.

4. Boutique d'artisanat Thamel, Thamel : Thamel Handicrafts Shop est un magasin populaire situé à Thamel, une destination touristique populaire à Katmandou. Il est connu pour sa gamme d'objets faits à la main provenant de tout le Népal, notamment des vêtements, des bijoux, des sculptures sur bois et bien plus encore.

5. Vendeurs ambulants de Thamel, Thamel :
Thamel Street Vendors est un stand de rue
populaire à Thamel, une destination touristique
populaire à Katmandou. Il est connu pour sa
diversité de choses, notamment des vêtements
traditionnels, des bijoux, des épices et bien plus
encore.

6. Vendeurs ambulants de Pokhara, Pokhara :
Pokhara Street Vendors est un stand de rue
populaire à Pokhara, une destination touristique
populaire au Népal. Il est connu pour sa diversité
de choses, notamment des vêtements
traditionnels, des bijoux, des épices et bien plus
encore.

7. Vendeurs ambulants de Katmandou,
Katmandou : Katmandou Street Vendors est un

stand de rue populaire à Katmandou. Il est connu pour sa diversité de choses, notamment des vêtements traditionnels, des bijoux, des épices et bien plus encore.

Chapitre 7 : Événements et festivals au Népal

30. Événements annuels:

Les événements annuels du Népal sont un excellent moyen de découvrir la culture, l'histoire et la beauté du pays. Des fêtes traditionnelles aux événements modernes, il y en a pour tous les goûts. Voici quelques-uns des événements annuels les plus populaires au Népal :

1. Festival international de yoga : Ce festival a lieu chaque année au Népal pour célébrer la pratique ancienne du yoga. C'est un événement très populaire qui attire des gens du monde entier. Il y a des cours de yoga, des conférences, des ateliers et même un marché du yoga avec des produits liés à la pratique.

2. Festival de Muktinath: Le Festival Muktinath a lieu chaque année dans le district de Mustang au Népal. Le festival célèbre la divinité Muktinath et présente des danses, de la musique et des rituels traditionnels. Le festival propose également une exposition d'artisanat et d'art locaux.

3. Marathon du Mont Everest : L'Everest Marathon a lieu en avril dans la région de l'Everest au Népal. Ce marathon est le plus haut du monde et les coureurs doivent être préparés à affronter l'altitude et les conditions météorologiques difficiles.

4. Marathon du circuit de l'Annapurna: L'Annapurna Circuit Marathon a lieu en octobre dans la région de l'Annapurna au Népal. Cette course est le deuxième marathon le plus haut du monde et les coureurs doivent être préparés à affronter les rigueurs de l'altitude et des conditions météorologiques.

5. Festival des éléphants de Chitwan : Le festival des éléphants de Chitwan a lieu chaque année dans le parc national de Chitwan au Népal. Le festival rend hommage à la beauté et à la valeur de l'éléphant d'Asie et intègre des courses d'éléphants, de la musique et des danses traditionnelles ainsi qu'une gamme d'activités culturelles.

6. Festival de l'expédition du Manaslu : Le Manaslu Expedition Festival a lieu chaque année dans la région du Manaslu au Népal. Cet événement célèbre la beauté et la culture de la région et propose de la musique, des danses et des activités traditionnelles.

31.Célébrations religieuses :

Le Népal est un pays avec une histoire religieuse et une culture riches. Cela se voit dans les nombreuses fêtes et célébrations religieuses célébrées tout au long de l'année. Voici quelques-uns des événements religieux les plus populaires au Népal :

1. Janai Purnima: Janai Purnima est une fête hindoue célébrée en août. Il s'agit d'un événement de trois jours qui célèbre la pleine lune et le nouage du fil sacré. Pendant l'événement, les hindous font un plongeon sacré dans la rivière et offrent des prières au Seigneur Shiva.

2. Liste : Teej est une fête hindoue célébrée en août/septembre. Il s'agit d'une célébration de trois jours qui commémore la réunion du Seigneur Shiva et de Lady Parvati. Lors de l'événement, les femmes s'habillent de rouge et participent à de nombreuses cérémonies.

3. Bouddha Jayanti: Buddha Jayanti est une fête bouddhiste célébrée en mai. Il marque la naissance, l'illumination et la mort du Bouddha.

Pendant le festival, les bouddhistes participent à divers rituels tels que la prière et la méditation.

4. Dashain : Dashain est une fête hindoue célébrée en octobre. C'est un événement de 15 jours qui commémore la victoire du bien sur le mal. A cette occasion, les hindous participent à de nombreux rituels tels que des sacrifices d'animaux et le vol de cerfs-volants.

5. Tihar: Tihar est une fête hindoue célébrée en octobre/novembre. C'est une célébration de 5 jours qui célèbre le lien entre les humains et les animaux. Pendant les vacances, les hindous accomplissent différents rituels tels que nourrir les vaches et allumer des bougies.

6.Lhosar : Lhosar est une fête bouddhiste célébrée en février/mars. C'est un festival de 3 jours qui célèbre le début de la nouvelle année selon le calendrier tibétain. Pendant les vacances, les bouddhistes participent à de nombreuses activités telles que des prières et des échanges de cadeaux.

32. Fêtes nationales :

Le Népal est un pays plein de diversité culturelle et religieuse. Ainsi, diverses fêtes nationales sont célébrées tout au long de l'année. Voici quelques-unes des fêtes nationales les plus importantes au Népal :

1. **Jour de la Constitution :** La Journée de la Constitution est célébrée le 29 mai et marque l'établissement de la Constitution du Népal en 2015. Ce jour-là, les gens se rassemblent pour célébrer l'adoption de la nouvelle Constitution.

2. Journée des martyrs : La Journée des martyrs est célébrée le 18 février et marque l'anniversaire du martyre des personnes qui ont perdu la vie lors du Mouvement populaire de 2006. Tout au long de cette journée, les gens se rassemblent pour se souvenir des sacrifices consentis pour la démocratie.

3. Dashain: Dashain est célébré en octobre et est le festival le plus long et le plus important du Népal. À cette occasion, les gens se rassemblent pour célébrer la victoire du bien sur le mal et vénérer la déesse Durga.

4. Tihar : Tihar est célébré en octobre/novembre et constitue le deuxième festival le plus important au Népal. A cette occasion, les gens se rassemblent pour honorer le lien entre les humains et les animaux.

5. Décharges: Losar est célébré en février/mars et marque le nouvel an tibétain. A cette occasion, les gens se rassemblent pour célébrer le début de la nouvelle année et échanger des cadeaux.

6. Cheval Jatra: Ghode Jatra est célébrée en mars/avril et est une course de chevaux organisée à Katmandou. Lors de ce festival, les gens se rassemblent pour assister à la course et participer à de nombreuses autres activités.

Chapitre 8 : Dîner au Népal

33. Restaurants

Le Népal est un pays magnifique avec une culture riche et diversifiée, et sa gastronomie ne fait pas exception. La cuisine du pays s'inspire de celle de ses voisins, l'Inde, le Tibet et le Moyen-Orient, ce qui donne lieu à une gamme distincte de saveurs et d'ingrédients. Du traditionnel dal bhat aux raviolis momo, il y en a pour tous les goûts au Népal.

En matière de restaurants au Népal, les options ne manquent pas. De la cuisine sophistiquée à la cuisine de rue, il y en a pour tous les goûts. Dans la capitale Katmandou, il existe de nombreux restaurants haut de gamme proposant une variété de cuisines du monde. Les restaurants les plus populaires de la ville comprennent le Garden of Dreams, un restaurant de style colonial, et le Yak Restaurant, qui sert des plats traditionnels népalais. Pour ceux qui recherchent un choix moins cher, le quartier de Thamel regorge de petits restaurants proposant de délicieux plats népalais à une fraction du prix.

En dehors de Katmandou, il existe de nombreuses autres villes dotées de restaurants fantastiques. À Pokhara, la ville est célèbre pour ses délicieuses dumplings momo, que l'on trouve dans de nombreux restaurants du quartier. À Chitwan, la ville est célèbre pour son merveilleux barbecue, que l'on peut déguster dans les nombreux restaurants de rue de la ville.

Peu importe où vous vous trouvez au Népal, vous trouverez peut-être un restaurant qui correspondra à vos goûts. Que vous recherchiez une expérience culinaire sophistiquée ou un choix plus économique, le Népal a quelque chose pour tout le monde. Avec sa cuisine diversifiée, son environnement magnifique et ses gens sympathiques, des vacances au Népal seront probablement mémorables.

Aliments traditionnels au Népal

1. Dhindo : Le dhindo est un plat traditionnel népalais à base de farine de sarrasin et de maïs. C'est un aliment de base du peuple népalais et il est consommé presque quotidiennement. Il s'agit d'un plat épais semblable à une bouillie qui est cuit lentement à feu doux jusqu'à ce qu'il devienne épais et crémeux. Il est généralement servi avec du ghee, des cornichons et de l'achar (cornichon népalais) (cornichon népalais).

2. Gundruk: Le Gundruk est un plat népalais à base de légumes-feuilles fermentés, comme le radis, les feuilles de moutarde et les épinards. Il est préparé en séchant les feuilles, puis en les fermentant avec de l'eau et du sel. Le gundruk est généralement servi avec du riz et du dal.

3. Pain cellulaire: Le sel roti est un pain népalais sucré et frit à base de farine de riz et de sucre. C'est une collation traditionnelle au Népal et est généralement servie en dessert.

4. Tapez : Momo est un plat népalais populaire composé de boulettes cuites à la vapeur remplies de légumes, de viande ou de fromage. Les momos sont fréquemment servis avec une trempette épicée.

5. Thukpa : Le Thukpa est un plat de soupe aux nouilles originaire du Tibet. C'est un repas népalais populaire et est généralement servi avec des légumes et de la viande.

6. Fini: Le Dhau est un plat traditionnel népalais à base de yaourt et de riz cuit. Il est fréquemment servi avec des légumes et des cornichons.

7. À propos de Bhat : Le Dhau Bhat est un plat traditionnel népalais à base de caillé et de riz cuit. Il est fréquemment servi avec des légumes et des cornichons.

8. Yomari : Le Yomari est un dessert népalais traditionnel à base de pâte de farine de riz fourré d'une garniture sucrée à base de mélasse, de graines de pavot et de noix de coco.

9. Gundruk Ko Achar: Gundruk ko Achar est un cornichon népalais traditionnel à base de légumes-feuilles fermentés. Il est fréquemment servi avec du dhindo ou du sel roti.

10. Chhoila : Choila est un plat traditionnel népalais à base de viande grillée ou rôtie marinée. Il est généralement servi avec du riz, des cornichons et de l'achar.

Cuisine de rue locale au Népal

1. Chatamari: Le chatamari est un plat népalais composé d'une fine pâte semblable à une crêpe à base de farine de riz, d'œuf et de légumes. Il est fréquemment servi avec une variété de garnitures telles que de la viande hachée, des légumes, des œufs et du fromage.

2. Samoussas: Le samosa est une collation népalaise traditionnelle composée d'une pâtisserie frite fourrée d'une garniture savoureuse de pommes de terre, de pois et d'épices. Il est fréquemment servi avec du chutney ou de l'achar.

3. Pakoda :Pakora est une collation népalaise traditionnelle composée de pâtisserie frite remplie d'une garniture savoureuse de purée de pommes de terre, d'oignons et d'épices.

4. Pain cellulaire: Le Sel Roti est un pain népalais frit à base de farine de riz et de sucre. Il est généralement servi en collation ou en dessert.

5. Jhal Muri: Jhal Muri est un plat de rue népalais populaire à base de riz soufflé et d'une variété d'épices et de légumes. Il est généralement servi dans un cornet en papier.

6. Momo Chat: Momo Chaat est un plat de rue népalais populaire à base de momos (raviolis) cuits à la vapeur et servis avec un chutney épicé.

7. Pani Puri: Le Pani Puri est un plat de rue népalais populaire à base de coquilles soufflées remplies d'une variété de garnitures telles que des pommes de terre, des oignons et des pois chiches.

8. Thukpa: Thukpa est un plat de soupe de nouilles originaire du Tibet. C'est un plat de rue népalais populaire et est généralement servi avec des légumes et de la viande.

Repas internationaux au Népal pour les touristes

1. Cuisine continentale: La cuisine continentale est populaire au Népal et est généralement servie sous forme de buffet. Les repas comprennent souvent des plats de style français, italien et américain.

2. Cuisine chinoise: La cuisine chinoise est populaire au Népal et est généralement servie sous forme de buffet. Les plats comprennent généralement des légumes sautés, des nouilles et des plats de riz.

3. Cuisine indienne: La cuisine indienne est populaire au Népal et est généralement servie sous forme de buffet. Les plats comprennent généralement des currys, des masalas, des naan et des thalis.

4. Pizzas : La pizza est un plat moderne et populaire au Népal et est généralement servie sous forme de buffet. Les repas comprennent souvent des pizzas italiennes standard, ainsi que des pizzas népalaises personnalisées garnies d'une variété de garnitures.

5. Sushis : Le sushi est un aliment moderne et populaire au Népal et est généralement servi sous forme de buffet. Les repas comprennent souvent des sushis standards de style japonais, ainsi que des sushis népalais personnalisés garnis d'une variété d'ingrédients.

6. Cuisine mexicaine : La cuisine mexicaine est populaire au Népal et est généralement servie sous forme de buffet. Les repas comprennent souvent des tacos, des burritos, des quesadillas et des enchiladas.

7. Fusion népalaise-occidentale: La fusion népalaise-occidentale est un plat moderne populaire au Népal et est généralement servie sous forme de buffet. Les repas comprennent souvent des plats conventionnels de style occidental avec une touche népalaise.

34. Boire

Au Népal, les boissons sont un élément essentiel de la culture et des traditions du pays. L'assortiment de boissons disponibles au Népal est aussi diversifié que le pays lui-même. De la boisson traditionnelle à base de riz fermenté appelée tonga au populaire masala chai, il y en a pour tous les goûts.

Le thé est une boisson courante au Népal et est servie sous différentes formes. Le thé noir est la forme de thé la plus répandue au Népal, mais il existe également des thés verts, oolong et blancs. Le thé est généralement servi avec du lait et du sucre, ainsi que diverses épices et herbes.

Chaï est également un thé populaire au Népal et est souvent infusé avec du thé noir et des épices comme la cardamome et le gingembre.

La bière est une autre boisson populaire au Népal et est disponible dans les marques locales et étrangères. Les bières indigènes sont généralement produites à partir de mil ou de blé et ont une saveur plus foncée et plus profonde que la plupart des marques mondiales. Les bières locales sont également généralement aromatisées avec des épices telles que la cardamome, le gingembre et la coriandre.

Tongba est une boisson népalaise traditionnelle préparée à partir de millet ou de riz fermenté. Il est normalement servi chaud et est généralement partagé entre amis et en famille. Pour le consommer, il faut d'abord verser de l'eau chaude dans une tasse tonga puis siroter le liquide sucré et laiteux avec une paille de bambou.

Répondre est une boisson alcoolisée préparée à partir de riz ou de millet fermenté et est particulièrement populaire dans les zones rurales du Népal. Il est consommé lors des fêtes et des célébrations et est censé porter chance. Il est servi froid et est souvent mélangé à des herbes et des épices pour lui donner une saveur unique.

traction est un spiritueux népalais à base de céréales fermentées comme le mil ou le riz. Il est consommé lors de cérémonies et de festivals importants et est censé apporter chance et prospérité. Il est généralement servi dans de petites tasses en argile et est très fort et il est préférable de le consommer avec modération.

Masala Chai est un thé népalais populaire composé d'un mélange d'épices telles que la cardamome, la cannelle, le gingembre et les clous de girofle. Il est servi chaud et est souvent dégusté avec des collations telles que des momos ou des pakoras. On pense qu'il est bénéfique pour la santé et peut être dégusté chaud ou froid.

Lassi est un type de**boisson à base de yaourt** qui est populaire au Népal. Il est normalement préparé avec du yaourt, du sucre et de l'eau et est souvent servi avec de la glace. On dit qu'il est excellent pour la digestion et constitue un excellent moyen de se rafraîchir pendant les mois chauds de l'été.

Jus est une boisson populaire et rafraîchissante au Népal. Il existe une variété de jus disponibles tels que l'orange, la mangue, l'ananas et bien d'autres. Ils sont souvent servis avec de la glace et peuvent être dégustés chauds ou froids.

Ce ne sont là que quelques-unes des boissons disponibles au Népal. Il y en a bien d'autres qui sont appréciés aussi bien par les habitants que par les visiteurs. Que vous cherchiez de quoi étancher votre soif ou pour célébrer une occasion spéciale, il existe une boisson népalaise qui satisfera à coup sûr vos papilles.

Chapitre 9 : Divertissement au Népal

35. Vie nocturne

Le Népal est connu pour sa vie nocturne animée avec son large éventail de pubs, bars et discothèques. Le pays offre une vaste sélection de divertissements pour les personnes de tous âges et de tous goûts. Des bars de jazz classiques aux clubs de danse modernes, le Népal a quelque chose pour tout le monde.

Katmandou est la capitale et le centre de la vie nocturne du Népal. La ville compte une gamme de pubs et de bars proposant une variété de musique, de boissons et de plats. Le soir, bon nombre de ces établissements se transforment en discothèques, avec des groupes live et des DJ jouant les derniers morceaux. Beaucoup de ces clubs proposent de la musique et des rafraîchissements du monde entier, ainsi que de la musique et de l'alcool traditionnels népalais.

À **Thamel**, le principal centre touristique de Katmandou, regorge de pubs et de bars, comme le populaire Irish Pub, qui propose de nombreux concerts et divertissements. Il existe également plusieurs clubs étonnants, tels que le Club Mao, qui joue un mélange de musique népalaise, bollywoodienne et mondiale.

À **Pokhara**, la deuxième plus grande ville du Népal, la vie nocturne est tout aussi active. La ville possède un merveilleux assortiment de pubs et de bars, comme le célèbre Nani Bar and Lounge. La ville compte également quelques grands clubs, tels que le populaire Club Z et le populaire Night Flight, qui jouent un mélange de musique internationale et locale.

Le reste du Népal dispose également d'un vaste assortiment d'options de vie nocturne et de divertissement. À Chitwan, il y a de merveilleux bars et pubs, comme le célèbre Chitwan Pub. À Boudhanath, vous trouverez plusieurs bars fantastiques, dont le célèbre Boudhanath Bar et le populaire Himalaya Bar.

Le Népal est un endroit formidable pour sortir le soir. Avec son large éventail de pubs, bars et clubs, il y en a pour tous les goûts. Que vous recherchiez une soirée détendue ou une soirée dansante toute la nuit, le Népal a quelque chose pour vous. Donc, si vous recherchez une bonne soirée, le Népal est l'endroit idéal.

36. Barres et Clubs :

1. La cour : Situé à Thamel, Katmandou, The Backyard est le lieu incontournable pour ceux qui souhaitent profiter de la vie nocturne au Népal. Avec de la musique live, du karaoké, une piste de danse et une table de billard, The Backyard offre un cadre idéal pour une soirée entre amis.

2. Brume violette : Purple Haze est un bar célèbre situé au cœur de Katmandou qui propose une variété de boissons et de collations. Le bar dispose d'un groupe live qui joue de la musique toute la nuit et son intérieur est décoré avec goût pour créer une atmosphère vibrante.

3. Club Himalaya: Le Club Himalaya est l'une des discothèques les plus populaires de

Katmandou et dispose de deux pistes de danse, de deux bars et d'une variété d'options de divertissement. C'est l'endroit idéal pour passer du temps entre amis et profiter de la vie nocturne animée du Népal.

4. La tanière du tigre: Tiger's Den est situé au cœur de Katmandou et est un lieu de prédilection pour les jeunes. Le bar propose de la musique live, des DJ et une terrasse en plein air offrant une vue imprenable sur la ville.

5. Café K : Kaffe K est un bar populaire à Katmandou qui propose une sélection impressionnante de boissons et de collations. L'atmosphère est détendue et la musique est toujours entraînante.

6. La Grotte: The Cave est un bar unique situé à Thamel, Katmandou. Il propose de la musique live, une piste de danse et une atmosphère chaleureuse.

7. Rue des Clubs: Club Street est un club populaire situé à Katmandou qui propose une variété d'options de divertissement. C'est l'endroit idéal pour se retrouver entre amis et profiter de la vie nocturne du Népal.

37. Cinémas et théâtres:

1. Les cinémas Q : Q's Cinemas est l'un des cinémas les plus populaires de Katmandou et est équipé des dernières technologies. C'est un endroit idéal pour découvrir les dernières versions et les prix sont tout à fait raisonnables.

2. Cinémas QFX : QFX Cinemas est un autre cinéma populaire à Katmandou. Il propose une variété de projections de films et il y en a pour tous les goûts.

3. Salle Durbar : Durbar Hall est un théâtre populaire de Katmandou qui accueille une variété d'événements culturels, notamment des spectacles d'artistes népalais célèbres.

4. Salle Kumari : Kumari Hall est un théâtre situé à Thamel, Katmandou, et accueille une variété de spectacles culturels.

5. Centre de congrès international Birendra : Le Birendra International Convention Center est une salle polyvalente qui accueille une variété d'événements, notamment des représentations théâtrales et des concerts de musique.

6. Théâtre National : Le Théâtre National est le plus ancien théâtre du Népal et est situé à Katmandou. Il accueille une variété de pièces de théâtre, de comédies musicales et d'autres événements culturels.

7. Salle de cinéma Jai Népal: Jai Nepal Cinema Hall est une salle de cinéma populaire située à Katmandou. Il propose une variété de projections de films et les prix sont tout à fait raisonnables.

38. Salles de musique live :

1. Le Jazz à l'étage : Le Jazz Upstairs est une salle de concert populaire située à Thamel, Katmandou. Il propose de la musique jazz en direct et une gamme d'autres genres.

2. La Maison de la Musique: La House of Music est une salle de concert populaire située à Katmandou. Il présente une gamme de performances musicales live d'artistes locaux et internationaux.

3. Le Club de Blues de l'Himalaya: L'Himalayan Blues Club est situé à Thamel, Katmandou, et est une salle de concert populaire. Il présente des performances musicales live d'artistes locaux et internationaux.

4. Le jardin de rocaille : Le Rock Garden est situé à Thamel, Katmandou, et est une salle de concert populaire. Il contient un mélange de performances de musique rock et métal.

5. Yak et yéti : Yak and Yeti est une salle de concert populaire située à Katmandou. Il présente une gamme de performances musicales live d'artistes locaux et internationaux.

6. Le jardin des rêves : Le Jardin des Rêves est un magnifique jardin situé à Katmandou et constitue un endroit populaire pour les concerts.

7. Jazzmandu: Jazzmandu est une salle de concert populaire située à Katmandou. Il présente une variété de spectacles de musique jazz en direct d'artistes locaux et internationaux.

Chapitre 10 : L'agriculture au Népal

39. Agriculture

Le Népal est un pays agricole et l'agriculture est le pilier de son économie, contribuant à environ 36 % du produit intérieur brut (PIB) du pays. L'agriculture est le secteur le plus important de l'économie népalaise. Plus de 80 pour cent de la population totale du Népal dépend directement ou indirectement de l'agriculture pour sa subsistance.

Malgré son importance, l'industrie agricole népalaise est en faillite depuis des décennies en raison de plusieurs problèmes tels que l'absence de réformes agricoles, la médiocrité des infrastructures, le manque d'accès au financement et à l'assurance et l'accès limité aux technologies modernes.

La superficie totale du Népal est d'environ 147 181 km². Sur ce total, environ 70 % sont des terrains cultivables, classés en trois catégories de base : les marais, les terres arides et les hautes terres. Les principales cultures cultivées au Népal sont le riz, le maïs, le blé, le mil, l'orge et les pommes de terre.

Le riz est la culture la plus importante, représentant plus de 60 % de la production totale de céréales vivrières. Le maïs est la deuxième culture la plus importante, suivi du blé, du mil et de l'orge. Le Népal est également le plus grand producteur mondial de gingembre et de curcuma.

Le Népal possède également un important cheptel. Les bovins, les buffles, les chèvres, les moutons, les porcs et la volaille sont des sources de revenus essentielles pour de nombreux petits agriculteurs au Népal. La production animale est une composante importante du secteur agricole, contribuant à près de 15 % du PIB agricole total.

L'industrie agricole du Népal est très vulnérable aux aléas météorologiques, au changement climatique et aux catastrophes naturelles. Le pays est sujet aux inondations de mousson, aux périodes de sécheresse, aux glissements de terrain et à la sécheresse. Ces catastrophes naturelles peuvent avoir de graves conséquences sur la production agricole et les moyens de subsistance.

Le gouvernement du Népal a pris de nombreuses initiatives pour développer le secteur agricole. Ils comprennent la promotion de produits de grande valeur, tels que les légumes, les fruits et les fleurs ; un meilleur accès aux prêts et à l'assurance; un meilleur accès aux marchés ; et un meilleur accès aux technologies agricoles.

Le gouvernement a également créé la notion de « clusters agricoles », par lesquels les agriculteurs sont encouragés à créer des coopératives pour renforcer leur pouvoir de négociation combiné et leur accès aux marchés.

Malgré les efforts du gouvernement, le secteur agricole népalais se heurte encore à plusieurs obstacles. Ils incluent des infrastructures médiocres, un accès limité à la technologie contemporaine, un manque d'accès au financement et à l'assurance et un accès limité aux marchés. En outre, le manque d'infrastructures d'irrigation fiables, les niveaux élevés d'érosion des sols et le manque d'accès aux semences améliorées et aux engrais constituent d'autres restrictions clés.

Malgré ces limites, le secteur agricole népalais est extrêmement prometteur. Avec des investissements adéquats et un meilleur accès aux marchés, au crédit et à la technologie, les agriculteurs népalais pourraient améliorer considérablement leur production et leurs revenus. Cela pourrait à son tour conduire à une meilleure sécurité alimentaire et à de meilleurs moyens de subsistance pour la population népalaise.

40. Subsistance agriculture

Le Népal est un pays vallonné situé dans l'Himalaya en Asie du Sud. Il abrite une diversité de cultures et de traditions, y compris la pratique traditionnelle de l'agriculture de subsistance. Ce type de système agricole est utilisé au Népal depuis des millénaires et reste le principal mode de production alimentaire dans de nombreuses zones rurales.

L'agriculture de subsistance est un type d'agriculture qui intègre l'autosuffisance et la production de produits alimentaires de base pour la consommation des ménages. Il s'agit d'une forme d'agriculture de subsistance, qui consiste à produire suffisamment de nourriture pour répondre aux besoins sans aucun excédent à vendre. Au Népal, les agriculteurs de subsistance cultivent toute une gamme de cultures, telles que le riz, le maïs, le mil, le blé, l'orge et les pommes de terre. Les animaux, comme les poules, les canards, les chèvres et les vaches, sont également des éléments importants de l'agriculture de subsistance.

Les agriculteurs de subsistance au Népal dépendent dans une large mesure des ressources naturelles du pays, telles que le sol, l'eau et les forêts. Ils utilisent des pratiques agricoles traditionnelles, notamment la rotation des cultures et l'utilisation de fumier animal, pour améliorer la productivité des terres et préserver leurs moyens de subsistance. Les agriculteurs ont également recours à des outils simples, comme des houes et des charrues, pour cultiver la terre.

L'agriculture de subsistance au Népal fait partie intégrante de l'économie et de la structure sociale du pays. Il fournit de la nourriture et des revenus à des millions de personnes et contribue à maintenir les pratiques culturelles et traditionnelles du peuple népalais. Les agriculteurs de subsistance jouent également un rôle clé dans la préservation de la biodiversité dans la région, en protégeant les terres de la déforestation et du surpâturage.

Malgré son importance pour le peuple népalais, l'agriculture de subsistance constitue un mode de vie difficile. Les agriculteurs n'ont souvent pas accès aux technologies et aux ressources modernes et dépendent fortement des conditions météorologiques imprévisibles pour obtenir des récoltes réussies. En outre, les prix des aliments produits par les agriculteurs de subsistance sont souvent trop bas pour leur assurer un revenu raisonnable.

L'agriculture de subsistance au Népal est une pratique ancienne dotée d'un riche patrimoine culturel et qui fait vivre des millions de personnes. Les visiteurs du pays peuvent en apprendre davantage sur ce mode de vie traditionnel en visitant les communautés rurales et en discutant avec les agriculteurs locaux. Ils peuvent également soutenir les agriculteurs de subsistance en achetant des aliments produits localement ou en faisant des dons à des organisations qui soutiennent des initiatives agricoles à petite échelle.

41. Animaux Agriculture

Le Népal abrite une grande variété d'animaux, notamment des bovins, des buffles, des moutons, des chèvres, des porcs et de la volaille. L'élevage représente une partie importante de l'économie népalaise, fournissant de la viande, du lait et d'autres produits d'origine animale à l'importante population. L'élevage joue également un rôle essentiel dans les efforts du pays visant à réduire la pauvreté, à accroître la sécurité alimentaire et à préserver la biodiversité locale.

L'élevage au Népal est pratiqué depuis des siècles et est étroitement lié à la culture agraire du pays. Les petits agriculteurs du Népal dépendent fortement de leur bétail pour leur subsistance, leurs revenus et leurs moyens de subsistance.

Le bétail est l'espèce d'élevage la plus importante au Népal, fournissant non seulement de la viande et du lait, mais aussi du fumier comme combustible et des engrais. Les buffles sont également réputés pour leur viande et leur lait de haute qualité. Les moutons et les chèvres sont essentiels pour leur viande, leur lait et leur laine, tandis que les porcs et les volailles fournissent d'importantes sources de protéines.

Ces dernières années, le gouvernement du Népal a pris des initiatives pour améliorer les méthodes d'élevage, notamment en créant un programme de développement de l'élevage. Cette initiative fournit des formations, des services de vulgarisation et de meilleures races animales aux agriculteurs. Il promeut également l'utilisation d'aliments pour animaux améliorés, de meilleurs soins de santé animale et un meilleur bien-être animal.

En outre, le gouvernement a développé diverses installations de recherche pour étudier l'élevage, la nutrition animale et d'autres domaines de la production animale.

L'élevage au Népal est confronté à divers obstacles, notamment une disponibilité limitée d'aliments pour animaux et de soins vétérinaires de qualité, des méthodes d'élevage et de gestion insuffisantes et un accès limité aux services de financement et de commercialisation. Le gouvernement s'efforce de résoudre ces difficultés à travers plusieurs programmes, notamment en fournissant des conseils techniques et une aide financière aux petits agriculteurs, en construisant des installations de santé animale et en proposant des services de formation et de vulgarisation.

L'élevage joue un rôle crucial dans l'économie népalaise et constitue une source de subsistance importante pour de nombreux agriculteurs du pays. Il s'agit également d'un élément important des efforts déployés par le pays pour réduire la pauvreté, améliorer la sécurité alimentaire et préserver la biodiversité locale. Pour les visiteurs, une visite à une ferme locale ou à un marché aux animaux peut offrir une expérience intéressante et éducative.

42. Meilleur Façons de découvrir l'agriculture népalaise en tant que touriste

Le Népal est un pays magnifique avec beaucoup de potentiel pour les activités agricoles et agricoles. Les visiteurs du Népal peuvent découvrir les activités agricoles et agricoles dynamiques et diversifiées du pays. Le pays bénéficie de sols fertiles, de sources d'eau abondantes et d'un climat propice à la production de différentes cultures.

Les visiteurs peuvent explorer la variété de produits agricoles produits au Népal. Ils peuvent rendre visite aux agriculteurs locaux et avoir un aperçu de leurs techniques et pratiques agricoles. Les élèves peuvent découvrir les pratiques agricoles traditionnelles du Népal, telles que l'utilisation de terrasses, la rotation des cultures et les cultures intercalaires. Les élèves peuvent également acquérir des connaissances sur les nombreux types de cultures cultivées dans le pays, telles que le blé, l'orge, le maïs et le mil.

Le pays offre également suffisamment d'opportunités aux visiteurs d'assister à l'élevage traditionnel du pays.. Les touristes peuvent visiter les fermes voisines et observer comment sont élevés les vaches, les buffles, les chèvres et d'autres animaux. Ils peuvent également participer à des activités telles que la traite des vaches et des chèvres et découvrir les pratiques d'élevage au Népal.

Outre l'observation des activités agricoles au Népal, les visiteurs peuvent également participer à des activités telles que la récolte, le battage et le vannage.. Ils peuvent également participer à des activités d'irrigation, telles que la construction de petits canaux d'irrigation et de pompes. Ils peuvent également participer aux festivals annuels, comme le Dashain et le Tihar, célébrés avec beaucoup de zèle au Népal.

Les visiteurs peuvent également explorer les parcs nationaux et les réserves fauniques du

pays, qui abritent certaines des espèces d'oiseaux, d'animaux et de plantes les plus rares au monde. Ceux-ci offrent d'excellentes opportunités d'explorer et d'observer la faune du Népal. Les visiteurs peuvent également participer à des activités telles que l'observation des oiseaux, la randonnée et le camping.

Les visiteurs peuvent également explorer la campagne et visiter les petits villages et fermes pour mieux comprendre la vie et la culture du peuple népalais. Vous pourrez observer comment les agriculteurs et les gens entretiennent leurs terres, ainsi que la manière dont ils interagissent avec l'environnement. Vous pourrez également en apprendre davantage sur les méthodes traditionnelles utilisées pour entretenir la terre et sur l'importance de la durabilité.

Si vous vous sentez aventureux, vous pouvez également participer à une randonnée en montagne et visiter les communautés rurales vivant dans les hauts plateaux. Vous pourrez constater par vous-même les pratiques agricoles uniques et les méthodes traditionnelles utilisées pour gérer les terres de la région.

La meilleure façon d'apprécier la beauté de l'agriculture et de l'agriculture du Népal est de s'y rendre pendant la période des récoltes. C'est une période passionnante de l'année pour être à la campagne, car les agriculteurs sont occupés à récolter leurs récoltes et à préparer la saison à venir. Vous pouvez même participer aux festivités et participer aux activités.

Bref, le Népal offre une expérience inoubliable aux visiteurs intéressés à découvrir les activités agricoles et agricoles du pays. Les visiteurs peuvent en apprendre davantage sur les traditions agricoles traditionnelles du pays, visiter les fermes locales, participer à des activités telles que la récolte et le battage, explorer les parcs nationaux et les réserves fauniques et participer à des festivals et autres activités. Ce faisant, les touristes peuvent vivre une expérience vraiment unique qui les marquera pendant longtemps.

Chapitre 11 : Se faire des amis au Népal en tant que touriste

43. Comment se mêler aux Népalais en tant que touriste.

1. Participez à des festivals culturels : Le Népal est une terre de festivals, et le meilleur moyen de se mêler aux Népalais est de participer aux festivités avec eux. La participation à des fêtes traditionnelles comme Dashain, Tihar et Holi est un excellent moyen de connaître et de respecter la culture et les coutumes locales.

2. Visitez des sites religieux: Le Népal abrite plusieurs sites sacrés, comme le temple Pashupatinath, le lieu de naissance du Seigneur Bouddha à Lumbini, le temple Manakamana et le stupa de Swayambhunath. La visite de ces sites religieux vous permettra de rencontrer les locaux et d'en apprendre davantage sur leur culture et leurs croyances.

3. Assistez à des événements locaux : Une autre excellente façon de se mêler à la population locale est d'assister à des événements locaux, comme des spectacles folkloriques, des défilés et des expositions d'art. Cela vous permettra d'en apprendre davantage sur la culture et les coutumes locales et de vous faire de nouveaux amis en cours de route.

4. Visitez les marchés locaux: Visiter les marchés locaux comme le marché Thamel à Katmandou ou le marché Asan à Patan est un excellent moyen d'interagir avec les locaux et d'en apprendre davantage sur la culture. Vous pouvez également trouver des souvenirs fantastiques et des objets artisanaux locaux sur ces marchés.

5. Séjournez dans des familles d'accueil locales : Séjourner dans une famille d'accueil locale est un excellent moyen d'en apprendre davantage sur la culture et les coutumes du Népal, ainsi que de se faire de nouveaux amis. Vivre dans une famille népalaise vous donnera un aperçu unique de la vie quotidienne des locaux.

6. Participer à des activités de plein air: Le Népal est un paradis pour les activités de plein air, comme le trekking, le rafting, le VTT et le parapente. Participer à ces activités avec les locaux est une excellente façon de se mêler à eux et de profiter de la beauté de la nation.

7. Rejoignez les programmes de bénévolat: Rejoindre des programmes de bénévolat est un excellent moyen de rencontrer les habitants et d'en apprendre davantage sur leur culture. Faire du bénévolat au Népal est une formidable opportunité de faire une différence dans la vie des gens et de rencontrer de nouveaux amis ce faisant.

8. Partez à l'aventure: Du majestueux Himalaya aux jungles luxuriantes, le Népal regorge de possibilités d'aventure. Partir à l'aventure avec les locaux est une formidable opportunité d'en apprendre davantage sur la nation et sa culture tout en passant un bon moment.

9. Savourez la cuisine locale: Profiter de la cuisine locale est une excellente façon de se mêler aux habitants et d'en apprendre davantage sur la culture. Vous pouvez trouver certains des meilleurs plats locaux dans les stands de nourriture de rue, dans les petits restaurants et même chez les habitants.

10. Participez à des activités culturelles: Participer à des activités culturelles comme apprendre la langue locale, essayer des formes de danse locales et jouer de la musique traditionnelle est un excellent moyen de se mêler aux habitants et d'en apprendre davantage sur la culture.

44. Choses à éviter de faire au Népal :

1. Ne manquez pas de respect à la culture : Le respect est la pierre angulaire de la culture népalaise et il est important de faire preuve de respect envers les habitants et leur culture.

2. Ne prenez pas de photos sans autorisation : Prendre des photos de personnes sans autorisation est considéré comme irrespectueux au Népal. Demandez toujours la permission avant de prendre des photos de personnes ou de lieux de culte.

3. Ne portez pas de vêtements inappropriés: Il est important de tenir compte des coutumes locales en matière de vêtements. Évitez de porter des vêtements révélateurs ou inappropriés en public et habillez-vous toujours modestement lorsque vous visitez des sites religieux.

4. Ne jetez pas de déchets: Au Népal, jeter des déchets est considéré comme impoli et irrespectueux. Jetez toujours vos déchets aux endroits appropriés.

5. Ne manquez pas de respect aux sites sacrés: Les sites sacrés sont très vénérés au Népal, et il est important de leur montrer du respect. Ne vous livrez pas à un comportement irrespectueux, comme fumer ou consommer de l'alcool, lorsque vous visitez des lieux sacrés.

6. Ne dérangez pas la faune : Il est important de respecter la faune sauvage au Népal. Évitez de déranger ou de harceler la faune et ne nourrissez pas les animaux.

7. N'achetez pas de souvenirs illégaux : **Acheter** les souvenirs illégaux, tels que les produits issus de la faune sauvage ou les objets antiques, sont strictement interdits au Népal.

8. Ne faites pas de troc de manière trop agressive : Le troc est une pratique courante au Népal, mais il est important d'être respectueux lors de la négociation des prix. Ne soyez pas trop agressif ou énergique lors du troc.

9. N'oubliez pas de donner un pourboire: Le pourboire n'est pas obligatoire au Népal, mais il est toujours apprécié. Pourboire généreusement si vous avez reçu un service exceptionnel de la part des locaux.

10. Ne prolongez pas la durée de votre visa: La prolongation de la durée de votre visa est une infraction grave au Népal et il est important de respecter la réglementation en matière de visa.

Chapitre 12 : Excursions d'une journée depuis le Népal

45. Meilleur excursion d'une journée au Népal

1. Bhoutan : Le Bhoutan est une destination idéale pour une excursion d'une journée au départ du Népal, avec ses paysages magnifiques, sa culture riche et sa population amicale. Le pays n'est qu'à quelques heures de route ou d'avion, et les voyageurs peuvent explorer la ville animée de Thimphu, les dzongs et les temples historiques, et même faire une randonnée jusqu'au magnifique monastère du Nid du Tigre.

2. Inde :L'Inde est juste à côté du Népal et il existe de nombreux endroits à explorer dans le sous-continent. Les touristes peuvent explorer les métropoles animées de Delhi, Mumbai et Calcutta, ou prendre un répit dans les calmes stations de montagne de Shimla et Darjeeling. Ceux qui recherchent l'aventure peuvent faire un road trip vers la ville sainte de Varanasi ou un safari au Rajasthan.

3. Tibet : Le Tibet est un lieu mystique qui ne manquera pas de captiver l'imagination des visiteurs. Une excursion d'une journée au départ du Népal amènera les voyageurs à Lhassa, la capitale spirituelle du Tibet, où ils pourront explorer le palais du Potala et le temple du Jokhang. Pour ceux qui souhaitent explorer davantage, un voyage au mont Kailash ou une visite au lac Namtso offre des paysages à couper le souffle et un aperçu de la culture tibétaine.

4. Bangladesh : Le Bangladesh est une autre excellente destination pour une excursion d'une journée au départ du Népal. Le pays est connu pour sa beauté naturelle à couper le souffle et sa culture dynamique. Les touristes peuvent visiter la capitale Dhaka ou profiter d'une excursion en bateau sur la rivière Buriganga. Les autres attractions incluent le parc national des Sundarbans, les ruines médiévales de Mahasthangarh et les sites archéologiques de Paharpur et Mainamati.

5. Birmanie : Le Myanmar est une terre de trésors cachés, avec ses superbes pagodes, ses anciens monastères et ses villes animées. Une excursion d'une journée au départ du Népal amènera les passagers à Yangon, la capitale historique, où ils pourront explorer la pagode Shwedagon et les marchés animés. Les visiteurs en quête d'aventure peuvent participer à une visite guidée du lac Inle ou explorer les anciens temples de Bagan.

6. Chine : La Chine est une destination fascinante pour une excursion d'une journée au départ du Népal. Visiter Pékin, la capitale du pays, est un incontournable, avec ses sites célèbres tels que la Cité Interdite et la Grande Muraille. Les attractions supplémentaires incluent les villes animées de Shanghai et de Hong Kong, les guerriers en terre cuite de Xian et la nature karstique de Guilin.

7.Laos : Le Laos est une destination idéale pour une excursion d'une journée au départ du Népal, avec ses paysages époustouflants, sa culture vibrante et son atmosphère décontractée. Les touristes peuvent explorer la ville de Vientiane, réputée pour ses temples anciens et sa vie nocturne active, ou visiter le site de Luang Prabang, classé au patrimoine mondial de l'UNESCO. Pour ceux qui recherchent l'aventure, les rives du Mékong et les magnifiques karsts calcaires de la zone nationale protégée de Nam Ha sont fortement recommandés.

Chapitre 13 : Le meilleur itinéraire de 14 jours

46. Meilleur Itinéraires de 14 jours au Népal

Jour 1 : Katmandou

Commencez votre voyage au Népal en explorant la capitale animée de Katmandou. Découvrez la célèbre place Durbar, qui regorge de vieux temples, monuments et musées. Profitez d'une visite guidée du temple Pashupatinath pour en apprendre davantage sur l'hindouisme.

Passez la soirée à déguster de délicieux plats népalais et à explorer les marchés et la vie nocturne de la ville.

Jour 2 : Bhaktapur et Patan

Passez la journée à explorer les villes historiques de Bhaktapur et Patan. Visitez la Bhaktapur Durbar Plaza et visitez les anciens temples, monuments et musées. Profitez d'une visite guidée de la place Patan Durbar et découvrez l'histoire de la ville. Vous pouvez également visiter le célèbre temple Mahaboudha et le Temple d'Or de Patan.

Jour 3 : Parc National de Chitwan

Faites une excursion d'une journée au parc national de Chitwan et explorez les magnifiques jungles et rivières. Faites un safari en jeep et observez la faune étonnante du parc, notamment les rhinocéros, les tigres et les éléphants.

Passez la soirée dans un lodge local à vous détendre et à admirer le magnifique paysage.

Jour 4 : Pokhara

Dirigez-vous vers Pokhara et passez la journée à explorer la belle ville. Visitez le célèbre lac Phewa et faites une promenade en bateau vers les îles au milieu du lac. Passez la soirée à vous promener dans les rues animées de la ville et à admirer la vue imprenable sur l'Himalaya.

Jour 5 : Sarangkot

Faites une excursion d'une journée à Sarangkot et profitez de la vue imprenable sur l'Himalaya. Visitez le point de vue de Kande et admirez la vue imprenable sur la chaîne de montagnes de l'Annapurna. Faites une randonnée guidée dans les villages voisins et explorez la campagne.

Jour 6 : Lumbini

Passez la journée à explorer la ville sacrée de Lumbini, lieu de naissance du Seigneur

Bouddha. Visitez les anciens temples et monastères et découvrez le bouddhisme. Faites une visite guidée du célèbre temple Maya Devi et découvrez la vie du Seigneur Bouddha.

Jour 7 : Bandipur

Passez la journée à explorer la charmante ville de Bandipur. Faites une visite guidée de la ville et visitez les magnifiques temples, monastères et maisons traditionnelles Newari. Dégustez de délicieux plats locaux et explorez les marchés animés de la ville.

Jour 8 : Katmandou

Retournez à Katmandou et passez la journée à explorer la culture dynamique de la ville. Visitez le célèbre temple Swayambhunath et admirez les vues fantastiques sur la ville. Passez la soirée à explorer la vie nocturne de la ville et à déguster de délicieux plats locaux.

Jour 9 : Nagarkot

Faites une excursion d'une journée à Nagarkot et profitez de la vue imprenable sur l'Himalaya. Visitez le temple Changu Narayan et découvrez l'histoire de la région. Passez la soirée à admirer le magnifique coucher de soleil sur l'Himalaya.

Jour 10 : Parc National du Langtang

Rendez-vous au parc national du Langtang et participez à une randonnée guidée au milieu de paysages magnifiques. Découvrez certains des animaux spectaculaires du parc, tels que les tahrs de l'Himalaya, le cerf porte-musc et les léopards des neiges.

Passez la soirée à camper dans le parc et à observer les étoiles.

Jour 11 : Katmandou

Retournez à Katmandou et passez la journée à visiter les marchés et les monuments de la ville. Découvrez l'emblématique Boudhanath Stupa et découvrez le bouddhisme tibétain. Passez la soirée à découvrir la vie nocturne animée de la ville et à déguster de délicieuses spécialités locales.

Jour 12 : Phulchowki

Profitez d'une excursion d'une journée sur la belle montagne Phulchowki et profitez des vues spectaculaires sur la ville en contrebas. Profitez d'une randonnée guidée jusqu'au sommet de la montagne et admirez les magnifiques vues sur l'Himalaya. Passez la soirée à observer les étoiles et à profiter du cadre tranquille.

Jour 13 : Katmandou

Passez la journée à explorer Katmandou et découvrez l'emblématique temple des singes. Profitez d'une visite guidée du temple et découvrez l'hindouisme. Passez la soirée à flâner dans la ville et à déguster une excellente cuisine locale.

Jour 14 : Départ

Passez votre dernière journée à Katmandou et visitez certains des monuments célèbres de la ville. Faites une visite guidée pour en apprendre davantage sur l'histoire et la culture de la région. Passez la soirée à profiter de la vie nocturne de la ville et à préparer votre départ.

Chapitre 14 : Sûreté et sécurité

47. Lois & Règlements :

Le Népal a mis en place plusieurs lois et réglementations pour assurer la sécurité des visiteurs, notamment les suivantes :

1. La loi népalaise sur la citoyenneté de 1952 décrit les différents types de citoyens népalais, leurs droits et responsabilités, ainsi que la procédure à suivre pour demander et obtenir la citoyenneté népalaise.

2. La loi sur les étrangers de 2006 régit l'entrée et le séjour des étrangers au Népal. Il définit les rôles et responsabilités des différents départements gouvernementaux et décrit les

conditions d'entrée, de séjour et de sortie des étrangers au Népal.

3. La Loi sur le tourisme de 1991 définit les rôles et responsabilités du Ministère du tourisme et de ses départements, ainsi que les règles et réglementations spécifiques aux activités commerciales liées au tourisme au Népal.

4. La loi de 2005 sur la protection des monuments et des sites historiques définit le cadre juridique pour la protection et la préservation du patrimoine culturel du Népal.

5. La loi sur la sécurité publique de 2011 définit les rôles et responsabilités de la police et des autres forces de sécurité au Népal, ainsi que leurs pouvoirs pour maintenir l'ordre public.

6. La loi sur le travail de 2021 définit les droits et les responsabilités des employeurs et des employés au Népal, ainsi que les procédures d'embauche et de licenciement des employés.

7. La loi antiterroriste de 2020 définit le cadre juridique pour prévenir et combattre le terrorisme au Népal.

48. Sécurité Précautions:

Le Népal a également mis en place de nombreuses mesures de sécurité pour assurer la sécurité des visiteurs du pays. Ceux-ci inclus:

1. La police népalaise est chargée de maintenir l'ordre public dans le pays et de répondre à toute menace à la sécurité.

2. La police armée, qui est une force paramilitaire chargée de protéger les bâtiments importants et autres lieux sensibles.

3. Le Département de l'Immigration et des Passeports, chargé de délivrer les visas et autres documents aux visiteurs.

4. L'Office du tourisme du Népal est chargé de fournir des informations et des conseils aux visiteurs sur la sûreté et la sécurité au Népal.

5. Des points de contrôle de sécurité dans tout le pays, tenus par la police et d'autres forces de sécurité.

6. Caméras de télévision en circuit fermé (CCTV) dans les zones touristiques et les

grandes villes, surveillées par la police et d'autres forces de sécurité.

7. Une ligne d'assistance téléphonique ouverte 24 heures sur 24 et un centre d'intervention d'urgence ouvert 24 heures sur 24, gérés par des policiers qui peuvent aider en cas d'urgence.

49. Urgence Contacts:

En cas d'urgence, les visiteurs au Népal peuvent contacter les contacts d'urgence suivants :

1. La police népalaise peut être contactée sur sa hotline ouverte 24 heures sur 24 au +977-1-423-3000 ou police@nepalpolice.gov.np.

2. Les forces de police armées peuvent être contactées sur leur ligne d'assistance

téléphonique ouverte 24 heures sur 24 au +977-1-423-3000 ou info@army.gov.np.

3. Le ministère de l'Immigration et des Passeports, qui peut être contacté sur sa hotline 24 heures sur 24 au +977-1-423-3000 ou info@immigration.gov.np.

4. L'Office du tourisme du Népal peut être contacté sur sa hotline 24 heures sur 24 au +977-1-423-3000 ou info@tourismboard.gov.np.

5. Le Centre national de réponse d'urgence peut être contacté sur sa ligne d'assistance téléphonique ouverte 24 heures sur 24 au +977-1-423-3000 ou à l'adresse Emergency@nepal.gov.np.

6. Le Bureau des Nations Unies pour la coordination des affaires humanitaires, qui peut être contacté sur sa hotline 24 heures sur 24 au +977-1-423-3000 ou info@unocha.org.

7. Le Comité international de la Croix-Rouge, qui peut être contacté sur sa hotline 24 heures sur 24 au +977-1-423-3000 ou info@icrc.org.

50.Conseils généraux de voyage :

En plus des lois et des précautions de sécurité mentionnées ci-dessus, les visiteurs au Népal doivent également suivre les conseils généraux de voyage décrits ci-dessous :

1. Soyez toujours conscient de votre environnement et évitez de marcher seul dans des zones inconnues.

2. N'acceptez pas et ne transportez pas de colis provenant d'étrangers et évitez de transporter de grosses sommes d'argent.

3. Évitez de porter des bijoux coûteux ou de transporter de grosses sommes d'argent liquide.

4. Suivez les lois et coutumes locales du Népal.

5. Inscrivez-vous auprès de l'ambassade ou du consulat de votre pays au Népal et informez-les de votre localisation.

6. Informez vos amis ou votre famille de vos projets de voyage et fournissez-leur vos coordonnées.

7. Ayez toujours une copie de votre passeport sur vous.

8. Ne laissez pas d'objets de valeur dans votre chambre d'hôtel et faites attention aux pickpockets et autres formes de vol.

9. Évitez autant que possible de voyager la nuit.

10. Ayez toujours un téléphone portable avec vous et gardez-le chargé.

Chapitre 15 : Conclusion

51. Dans Conclusion

Le Népal est un pays incroyablement beau avec une culture diversifiée, des villes dynamiques et des attractions naturelles époustouflantes. Du majestueux Himalaya aux jungles luxuriantes, il y en a pour tous les goûts au Népal. Que vous recherchiez uneaventure ou une retraite paisible, le Népal a tout pour plaire. Le pays possède un riche patrimoine culturel et des traditions anciennes, et sa population est parmi les plus accueillantes et hospitalières au monde.

Le Népal est une destination idéale pour les voyageurs de tous âges et de tous intérêts. Il existe de nombreuses activités pour vous occuper, de la randonnée aux safaris animaliers et bien plus encore. Le pays possède certains des meilleurs sentiers de randonnée au monde, avec des vues spectaculaires sur les montagnes et d'anciens monastères. Le Népal permet aussi de s'immerger dans la culture locale, avec des festivals colorés et des villes dynamiques.

Peu importe ce que vous recherchez pendant vos vacances, le Népal est sûr de vous offrir une expérience formidable. De ses paysages magnifiques à ses habitants chaleureux, le Népal est un endroit qui fera déborder votre cœur de joie. De ses montagnes à couper le souffle à ses forêts luxuriantes, le Népal est un endroit qui vous laissera des souvenirs inoubliables.

Dernier conseil

Le Népal est un endroit charmant et unique chargé d'aventure et de culture. Avec ses paysages montagneux à couper le souffle, ses temples et monastères historiques et sa culture dynamique, il y en a pour tous les goûts.

Lors de l'organisation de votre voyage, il y a quelques lignes directrices à garder à l'esprit pour vous garantir la meilleure expérience possible.

Tout d'abord, assurez-vous d'enquêter à l'avance sur l'endroit que vous envisagez de visiter. Le Népal est un pays immense et diversifié, et il est nécessaire de se renseigner sur les coutumes, la culture et la langue locales. Cela vous aidera à tirer le meilleur parti de votre expérience.

Deuxièmement, soyez prudent avec votre budget. Le Népal est généralement un pays économique, mais il est crucial de contrôler vos dépenses. Pensez à séjourner dans une maison d'hôtes ou une auberge locale pour économiser de l'argent et vivre une expérience plus réelle.

Enfin, soyez attentif à la météo. Le Népal a un climat subtropical avec des températures élevées en hiver et pendant la mousson, il est donc nécessaire de s'habiller en conséquence et de se préparer au pire. Assurez-vous de vérifier les prévisions météorologiques avant de vous aventurer.

Quatrièmement, n'oubliez pas d'emporter des objets importants. Une paire de chaussures de marche solides, une veste chaude, de la crème solaire et un chapeau sont indispensables pour des vacances réussies.

Enfin, prenez le temps d'explorer et d'apprécier la beauté du Népal. Il y a tellement de choses à voir et à faire dans ce pays incroyable, alors n'ayez pas peur de sortir des sentiers battus et d'explorer. Visitez les marchés locaux, essayez de nouveaux aliments et parlez aux habitants. Prenez le temps de vous détendre et de profiter de votre voyage.

Ce ne sont là que quelques conseils à garder à l'esprit lorsque vous planifiez et profitez de votre voyage au Népal. Avec ses paysages incroyables, sa culture dynamique et sa population amicale, le Népal offrira à coup sûr une expérience mémorable.

Printed in France by Amazon
Brétigny-sur-Orge, FR

19394875R00127